心と身体のパフォーマンスを最大化する

「氣」の力

メジャーリーグが取り入れた
日本発・セルフマネジメントの極意

藤平信一

ワニブックス
|PLUS|新書

はじめに

みなさん、こんにちは。

藤平《とうへい》信一と申します。

心身統一合氣道という武道の継承者として、世界中で心身統一合氣道の指導と普及に携わっています。また日本国内では、一般社団法人・心身統一合氣道会の会長も務めております。


心身統一合氣道は、わたしの師匠であり、父でもある先代の藤平光一によって創見された武道です。

藤平光一は3人の良き師匠に恵まれました。山岡鉄舟《てっしゅう》翁の教えを説いた小倉鉄樹《てつじゅ》師、「合気道の開祖」である植芝盛平《もりへい》師、そして「心と身体の関係」を説いた中村天風《てんぷう》師です。

偉大な師匠から学び、戦地での経験と厳しい修行の末に藤平光一が体得し、体系化したのが心身統一合氣道です。

藤平光一は、戦後間もなく、単身でアメリカに渡りました。まだ弟子がひとりもいなかった現地に、合氣道を普及するためです。そして海外に合氣道を広めた人物となり、のちに、植芝盛平師から合氣道の最高段位である十段を允可《いんか》されました。植芝盛平師ご逝去の後、植芝盛平師の後継者とのあいだで合氣道の理解に決定的な違いが生じたため、新たに「心身統一合氣道」を創始し、合氣道を普及することになりました。当時、苦渋の決断であったようです。

わたしは心身統一合氣道の継承者ですから、合氣道全般を語る立場にはありません。本書の内容はすべて心身統一合氣道に基づいています。

心身統一合氣道は、年代や男女、職業にかかわらず多くの方に学ばれています。その分野は、経営者・スポーツ選手・芸術家・教育従事者など多岐にわたります。心身統一合氣道は、技を通じて、その土台にある「氣」を学ぶものだからというのがその理由です。

わたしたちは自然の一部の存在ですから、自然と氣が通《かよ》っているのが本来の姿です。

氣が活発に通っている状態、すなわち氣が出ているとき、心も身体も自由自在につかうことができます。氣は超能力や超常現象ではありません。誰もが持っていて、誰もが活用できるものです。そして、人間が本来持っている能力を最大限に発揮するために不可欠なものなのです。そのため、各分野の最前線の方々が、心身統一合氣道の門を叩いているのです。

また、心身統一合氣道は世界24カ国で3万人の人々が学んでいます。言葉・文化・宗教が異なる人々が、同じ「氣」を学んでいるのです。日本で生まれた「氣」が世界に発信されている証《あかし》といえるでしょう。

その一例が、アメリカメジャーリーグのロサンゼルス・ドジャースです。

縁あって、わたしは2010年から3年間、ドジャースで「氣」の指導にあたりました。合氣道家であるわたしが、なぜ野球選手を指導するのか。疑問に思われるかもしれませんが、じつは野球と合氣道との関係には長い歴史があり、今を遡ること50年以上も前に、藤平光一が元読売ジャイアンツの広岡達朗さん、王貞治さんに「氣」の指導をしたところから始まっています。広岡さんは監督として、王さんは選手として、心身統一合氣道の土台である「氣」を活用されました。

さて、ドジャースでおこなった「氣のトレーニング」では、選手が監督・コーチとともに「氣」を学び、訓練をすることで、多くの成果を上げることができました。これまで、その内容を公開する機会がありませんでしたが、今回、本書ではじめてご紹介することにしました。

これには2つの目的があります。

ひとつは「野球」と「合氣道」という異なる分野を結ぶ「氣」とは一体何かをお伝えすること。

もうひとつは、選手の抱える課題は野球固有のものではなく、読者のみなさまが抱える課題と何も変わらないことをお伝えすること。つまり、本書の内容を通じてみなさまの日常に「氣」を活かしていただくことにあります。

第1章では「『氣』とは何か?」として、氣を理解するための基本をお伝えします。

第2章では「氣は人間関係を豊かにする」として、コミュニケーションにおける氣の活用についてお伝えします。

第3章では「メジャーリーグが取り入れた氣のトレーニング」、第4章では「メジャーリーガーたちは何を得たのか」として、ドジャースでの指導についてお伝えします。

最終章では、まとめとして広岡達朗さんとの特別対談を収録しています。

本書の内容が少しでも、読者のみなさまのお役に立つことを願っています。

なお、藤平光一はわたしの師匠であり、本来ならば敬称を用いるべきですが、読みやすさを考慮して本書では敬称を省略しました。ご理解をいただきたくお願いいたします。

２０１６年10月

心身統一合氣道　継承者
心身統一合氣道会　会長

藤平信一

もくじ

第1章

「氣」とは何か？

「氣」とは何か？　――氣とは、両手で囲った海の水のようなもの

日本語には「氣」を含む言葉が数多くあります。

例えば、元氣、病氣、やる氣、氣が合う、氣が進む、氣が置けない。こうした言葉を、わたしたちは日常的につかっています。ですから多くの日本人は「氣」という言葉や概念にどことなく親しみを持っているといえるでしょう。しかし、その一方で、あらためて「では、氣とは何ですか？」と問われると、多くの方が「よくわからない」としか答えられないのが実情ではないでしょうか。

また「氣」と一口にいっても、国によって、あるいは人によって、その捉え方が異なっていることもあります。したがって、「氣」について述べる前に、何を指して「氣」といっているかをまず最初に示しておくことにしましょう。

本書でいう「氣」は、心身統一合氣道という武道が土台となっています。「氣」は、超能力や超常現象のような特別なものではありません。誰もが持っているものであり、

誰もが活用できるものです。

わたしたちは大自然の一部であり、「氣」を通じてつながっています。自然とわたしたちが氣でつながっている状態、「氣が通《かよ》っている」のが本来あるべき姿です。何らかの原因によってそのつながりが失われると、氣は通わなくなってしまいます。この状態を「氣が滞《とどこお》る」と呼びます。

つまり「氣」は生きる力そのものであり、生命力なのです。


心身統一合氣道の創始者である藤平光一は、この氣の性質を「海のなかで水を手で囲うようなもの」と説きました。

海中で水を両手で囲っている様子を思い浮かべてみてください。

手の内側にある水は、なるほど「自分の水」といっても良いかもしれません。しかし実際には、それは海の水です。海水のごく一部を、自分の手で囲っているに過ぎません。

もし誰かが手にした水を「自分の水だ」と捉えて、手の内と外で水の行き来をできなくすると、手のなかの水は次第に淀んでしまうでしょう。これに対して「これは海の水を手で囲っているに過ぎない」と捉え、水の行き来を保っていれば、手のなかの水が悪くなることはありません。

「氣」もまた同じです。

わたしたちは、大自然の氣を「わたし」という存在で囲っているに過ぎません。自分のなかにある氣は、なるほど「自分の氣」「わたしの氣」といっても良いかもしれません。しかし実際には、それは大自然の氣なのです。

氣が通っている状態を「元氣」といい、氣が滞っている状態を「病氣」といいます。そして寿命を終えて「自分」という囲いがなくなると、大自然の氣に還っていきます。

このような視点で見れば、わたしたちの生命は、大自然の氣から生じ、大自然の氣に還るといえるでしょう。この世に生を受けているあいだは、常に氣が通っているのが本来あるべき姿なのです。

日本の「氣」、中国の「気」――「氣」の文字を用いる理由

本書で述べる「氣」が、中国でよくいわれる「気」とは性質が異なっているのにお氣づきでしょうか。

中国でいわれる「気」は、多くの場合、蓄電池（バッテリー）のように「蓄えて消費するもの」と捉えられています。つまり、気はつかえばつかうほど減っていくのです。

これに対し、本書で述べている「氣」にそうした性質はありません。氣は出すことによって、新たな氣が入ってくるという性質を持っています。そうすることによって、氣は通うのです。つまり、氣はつかえばつかうほど、元氣になります。

氣は「溜める」ものではなく、「通う」ものだというのはとても重要なポイントです。

例えば、仕事や日常生活で、どうしても「やる氣が出ない」という経験はありませんか？　やらなければいけないのはわかっている。それなのに行動できない。これは氣が滞っている状態の最たる例です。こんなときは、無理にやる氣を出そうとするよりも、目の

前のことからいったん離れたほうが上手《うま》くいきます。自分の好きなことをやったり、誰かのために働いてみたり、自然に身をおいたりする。このように思い切って行動することは「氣を出す」ことであり、それによって氣が通う状態に戻ることができます。

ちなみに、「氣を出す」の反対の言葉は「氣を引く」で、氣を引くと氣は滞ってしまいます。

ところで、本書では一般的な表記の「気」ではなく、旧字である「氣」の文字を用いていることに、みなさんはすでにお氣づきかもしれません。漢字の成り立ちには諸説あるようですが、「氣」の「米」の部分には、八方に広がるという意味があるといわれています。ここまでお話ししてきたように、氣は八方に通うものですから、心身統一合氣道では「氣」の文字を用いているのです。本書でもこれに準じています。

わたしは海外で指導する機会が多いので、「英語では氣を何というのですか」という質問を受けることがよくあります。「氣」は、もともとの英語にはない言葉ですから、そのまま「Ｋｉ《キ》」と記しています。ご参考までに、中国の「気」は「ｑｉ《チ》」と発音され、英語でも分けて表記されることが多いようです。

また日本の方からは「外国人が氣を理解できますか」という質問をされることも少なくありません。わたしの経験では、初めて「Ｋｉ」に触れる外国人のほうが、日本人よりもむしろ先入観なく、まっすぐに学ぶことができるようだと感じています。こう答えると、日本の方はみな苦笑いをなさいます。

「氣」には普遍性と再現性がある
——形のないものを学ぶ

ここまでの説明で、すんなりと「氣とは何か」をご理解いただけたでしょうか。恐らくは「理解できる人」と「理解できない人」とがおられると思います。これは、今までの人生経験で、どのくらい「氣」に類することを「感覚」として持っているかが、人によって異なるからでしょう。

例えばトップアスリートは、ジャンルを問わず、みなさんひとつのことを突き詰めています。ですから、その過程で氣の感覚を会得しておられるようです。いわゆる「身体でわかる」ということでしょう。

わたし自身はどうだったかというと、トップアスリートのようにはいきませんでした。また、理系だったわたしは、世の中の「怪しそうに見えるもの」全般に拒絶反応があったのです。「科学で証明されないことは信じない」というのが本音で、「氣というものがある」という前提で学ぶことが、どうしてもできませんでした。

そんなわたしが氣を学び続けられたのは、藤平光一のこんな言葉があったからです。

藤平光一は「正しいことには普遍性と再現性がある」と説きました。

「普遍性」とは、誰でもできるということ。

「再現性」とは、（同じ条件下であれば）何度でもできるということ。

とくに「氣」のように形のないものを会得するには、この2つが備わっていなければならないと教えていました。つまり「自分にしかできない」「特別なときにしかできない」のでは、正しいとはいえない。もう少し正確にいえば、正しく会得したというには早いということです。

以前、ある席でたまたま一緒になったセミナーの講師は、「自分は湖の上を素足で歩くことができる」とおっしゃっていました。何でも、特別な才能を持った人間だけが可能な技だそうで、しかも、特別なタイミングにだけできるとのことでした。わたしに真偽はわかりませんが、「普遍性・再現性から見てどうか」ということです。

「形のないものは存在しない」と決めつけるのは傲慢です。他方で、「形のないことを良いことに、存在しないものをあるという」のは欺瞞《ぎまん》でしょう。

ですから、わたしは、自分自身で実践し、検証することを、「氣」を学ぶ基本姿勢にしてきました。

師匠から教わったことも鵜呑《うの》みにはしません。悪い意味ではなく、良い意味で「疑う」ことから始め、普遍性・再現性に基づいて積み重ねるようにしてきたのです。

その結果として、氣が実在することを確信することができました。そして氣を正しく理解し、活用することで、さまざまなことが好転するということがわかってきたのです。

「氣」と「心」の違い　――歩きスマホは心の性質に反している

「氣」とよく似たつかわれ方をする日本語に「心」があります。

日常会話で、この両者を意識的につかい分けることはほとんどありません。例えば「心配り」と「氣配り」を国語辞典で調べてみると、解説されている意味はほぼ同じです。

わたしたちは「氣」と「心」を、ほぼ同じ意味でつかってしまっているのです。

しかし「氣」と「心」は同じではありません。はっきり違うものなのです。その違いがいったいどこにあるのかおわかりでしょうか。

まず、大前提として、持ち主の問題があります。

「心」は、「わたしの心」「あなたの心」といった表現をすることができます。つまり、心には持ち主があるのです。しかし「氣」は、先ほどご説明したように「自然の氣」ですから、「わたしの氣」「あなたの氣」と表現することはできません。氣に持ち主はいないのです。これは大きな違いです。

また、性質も明らかに異なっています。

「心」は一度にひとつのことにつかうのが原則です。器用な人であれば、一度に複数のことに心をつかうことができるかもしれませんが、ほとんどの場合は散漫になってしまいます。歩きスマホはもっともわかりやすい事例でしょう。昨今、歩行中や運転中にスマホをつかっていたことから起こる事故が増えています。「一度にひとつのことにつかう」という心の性質から、歩きながらのスマホ利用には明らかな無理があるのです。

これに対して「氣」は、四方八方に通っています。ひとつのこと、あるいは、一方向に通うものではありません。我々が周囲で起こっていることを「氣配」として感じ取れるのは、氣が四方八方に通っているからです。氣が滞ると周囲のことはまったく感じ取れなくなります。

これが氣と心の違いです。

この違いを理解しないで、氣と心を混同してつかっていると、大変なことになります。

例えば、一度に心を四方八方につかおうとするとどうなるか。

実際にやってみましょう。

1　心を前方に向けながら、同時に後ろに向けましょう。
2　さらに、同時に、心を左に向けながら、右に向けてください。

どうですか？　文字通り「心ここにあらず」になってしまうでしょう。

考え事をしているわけでもなく、ただボーッとしている人を見ていると、焦点が定まらず、心がどこにも向いていないのがわかります。横から声をかけるとハッとして元に戻りますが、この状態がまさにそれです。

武道において、このような状態になったら、まったく役に立ちません。

次に、氣をひとつのこと、あるいは一方向に留めるとどうなるでしょう。これも実際にやってみましょう。

1　周囲にある物のなかから、目標となる物をひとつ決めます。
2　それを「穴が開くくらい」凝視し続けてください。

このとき氣が滞って、周囲のことをまったく感じられない状態になっているのが実感できると思います。これは「集中」ではありません。この状態を「執着」といいます。

このような状態になってしまっても、やはり武道ではまったく役に立ちません。

「氣」と「心」の関係 ――前向きになれないのは氣が滞っているから

「氣」と「心」の違い、それぞれの性質についてご理解いただけましたでしょうか。

では続いて、この2つの関係について解説しましょう。氣と心、その関わりをひとことでいうと、こうなります。

「氣が通っているとき、心は自由自在に働く」

これが「氣」と「心」の関係です。逆の表現をすれば「氣が滞っているときは、心は働かない」ということになります。これだけでは抽象的過ぎるかもしれませんので、具体例を挙げて解説します。

今、あなたの前に、大きな失敗をして落ち込んでいる知人がいるとしましょう。なんとか勇氣づけてあげたい。でも、こういうときに「前向きになるべきだ」といくら諭しても、落ち込んだ心を変えることはできないものです。なぜなら、落ち込んでいるときは氣が滞っているからです。その結果、心が働かなくなってしまっているのです。

そうした状態にある相手に「前向きになろう」と無理強いするのは、拷問に等しい行為だといえます。しつこく続ければ、心の状態は良くなるどころか、むしろ悪くなってしまうでしょう。原因は氣が滞っていることなのですから、「どうしたら氣が通うか」を考えてあげることが先決なのです。

もちろん失敗や落ち込みにはいろいろなケースがありますから、解決方法はひとつではありません。しかし多くの場合、相手の話を聴いてあげることがもっとも良い解決方法です。信頼関係のある間柄なら、あなたが聴き続けることで、普段なら口に出せないようなことも少しずつ話してくれるものです。

じつは自分の思いを吐き出すと、氣の滞りは解消されていきます。なぜなら「話す」という行為そのものが、「氣を出す」ことだからです。また、反対に「聴く」という行為は、相手に「氣を出させる」ことなのです。

夫婦間や家族間など、お互いの距離感が近く、甘えが許されてしまう関係ほど、相手の話をきちんと聴くことができなくなりがちです。これは氣が滞る最大の原因ですから、その結果、関係が悪くなってしまいます。氣と心の関係を知れば、なるほど当たり前なのだとご理解いただけるのではないでしょうか。

たしかに「前向きであろう」とすること自体はとても大切なことです。しかし、氣が滞ってしまうと心が働かないので、そうすることができなくなってしまいます。できないことを強要するのが、いわゆる「根性論」であり、根性論ではこの問題は解決しません。

とくに精神的不調に陥りやすい人は、氣が滞った状態なのに一生懸命前向きになろうと頑張ってしまっています。すると「頑張っているのにできない」ことがさらなる落ち込みにつながり、悪循環に陥ってしまうのです。

全身に氣が通う ——足先まで氣が通っているか、立ち姿でチェック

繰り返しになりますが、わたしたちは自然の一部の存在であり、氣は自分という存在のなかに溜めておくものではありません。常に周囲と氣が通っているのが本来の姿です。

同時に、身体の隅々まで氣が通っているのが当たり前なのです。

身体の隅々まで氣が通った状態を「立ち姿の姿勢」で確認してみましょう。いったん本をわきに置いて、実際に体験していただくのが良いかもしれません。

まずは不自然な立ち方、つまり悪い例です（左下図①）。

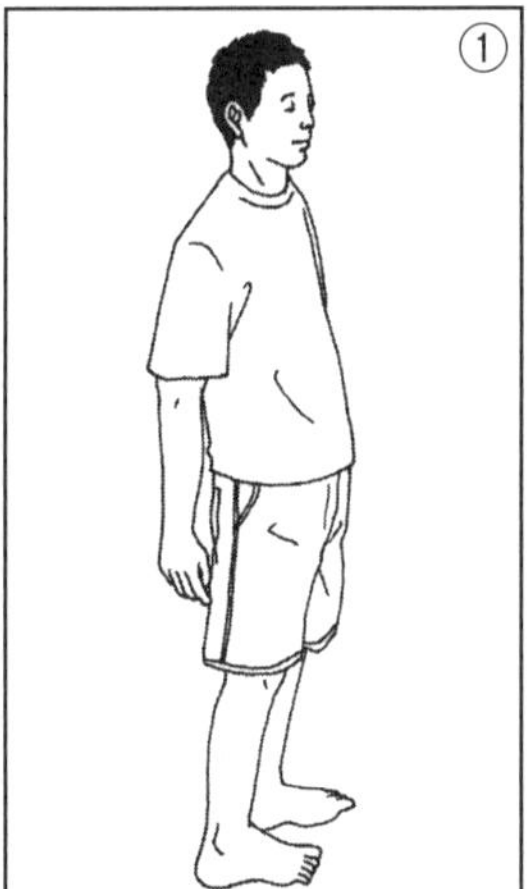

かかとに重みを置いた状態で立つと、足先がどこか頼りなく浮いた感覚があり、不安定なはず。

1　かかとに重みを置いて、立ってください。
2　精神的に疲れていて、肩を落としている感じで立ちます。
3　足先の感覚に注意を向けてください。

このとき足先はどんな感覚でしょうか。実験していただくと「頼りない」「ぼんやりしている」「浮いている」と多くの方が答えます。これが、足先まで氣が通っていない状態です。姿勢は不自然で、不安定になっていますから、片足で立つことも難しいはずです。

今度は自然な立ち方、良い例を体験してみましょう。

1　まず、つま先立ちをします（できる限り、身体に余分な力を入れないようにしてください）。
2　ふくらはぎに力が入ってしまう方は、高い所にある物を背伸びして取る感じでやってみてください。または、つま先立ちのままで何歩か歩いてみるのも良いでしょう。余分な力が抜けていきます。

3　バランス良く、楽に、つま先立ちができたら、かかとをゆっくり静かに下ろします。たったこれだけのことで足先まで氣が通い、姿勢は安定します。片足で立つことも楽にできるはずです。

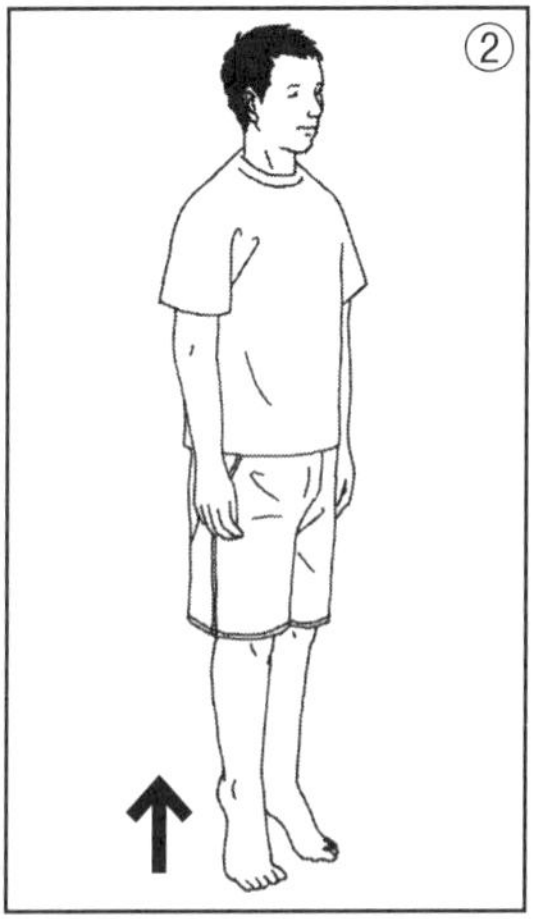

つま先立ちをする。

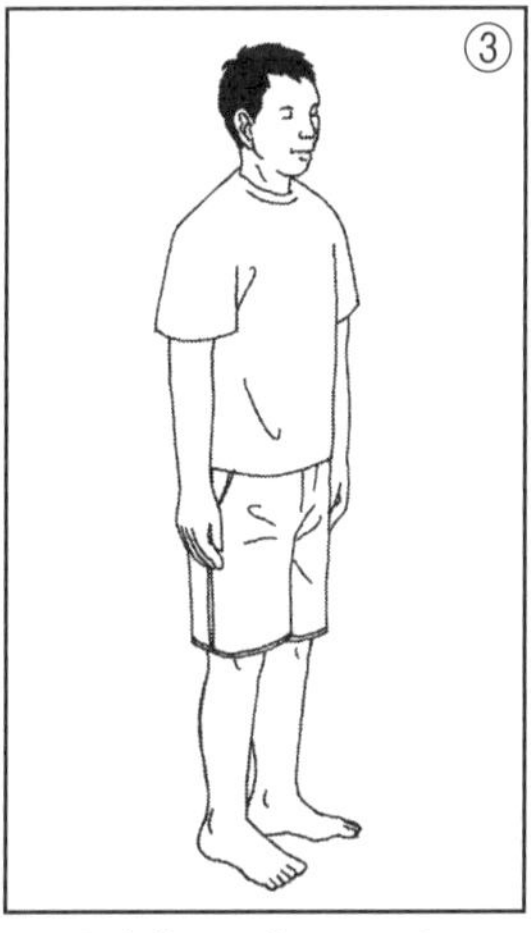

かかとを静かに床に下ろす。

なお、3の動作でかかとをドンと乱暴に下ろすと、先ほどの悪い例の状態になってしまいます。上手く感覚がつかめないうちは、1から3の動作を繰り返して慣れるようにしましょう。つま先立ちをして、自然にバランスが取れている状態を確認し、かかとを静かに下ろす。これを何度かやっていれば、自然な立ち方が身につきます。

心身統一合氣道の稽古では、これを体験ベースで学ぶことになります。初めて体験すると驚きの声が上がります。また本当に優秀なアスリートは、教えるまでもなく、最初からこの状態になっています。

手（腕）の長さを計るとき、わたしたちは肩口から指先までを計測します。では足（脚）の長さはどうでしょうか。「足の付け根からかかとまで」と多くの方が答えます。もしそうだとすると、かかとから先はいったい何なのでしょう。指先までが「手」ならば、足先までが「足」のはずです。ですから、足先まで氣が通うのが当たり前なのです。

物にも氣が通う　――人と道具が「一体」になる

昔から「剣を持つのも筆を持つのも同じこと」といわれますが、心身統一合氣道でも多くの書家の方が学んでおられます。これは、物にも「氣が通う」からです。

わたしたちが道具を手にするとき、その道具にも氣が通っていなければいけません。

野球の打者を見てみましょう。

打者は、バッターボックスでバットを持って構えているとき、自然にバットの先端まで氣が通っているのが本来の姿です。ところが、調子が悪くなると、バットを力んで握りしめるようになり、握っている両手のところで氣が滞ってしまいます。バットの先端にまで氣が通わないのです。さりとて、力を抜こうと、緩い持ち方をしたら、勢いのあるボールを打ち返すことはできません。軽く、自然に握りながら、バットの先端まで氣が通っている状態が不可欠なのです。

書家が手に持つのは筆です。

筆を力んで握りしめると、握っている場所で氣が滞ってしまい、筆先まで氣が通わなくなります。こういう状態で生み出される書には「氣」が入っておらず、心得のある人が見れば、一目でわかるといいます。

野球と書道はまったく違う世界ですが、共通していえるのは、「持つ」という意識が強いと氣が滞るということです。

バットであろうと、筆であろうと、本来は自分と一体になっていなければいけません。自分の身体の一部のような感覚を持っていれば、氣は自然と通っているものです。逆にいえば、氣が通っていれば、道具の隅々まで身体の一部のように感じられるようになります。つまり「一体になる」あるいは「一体である」ということに関して、手にしている物が剣であるか、筆であるのかは関係ないということです。大切なのは、氣が通っているかどうかなのです。

心身統一合氣道では木剣を用いた稽古をおこないますが、木剣を振る以前に、氣で持つ（剣先まで氣が通うように持つ）ことを、まず徹底して稽古します。氣が通わない剣をいくら振り回しても意味がないからです。ゴルフをなさる方が、この稽古をおこなうとスコアが急上昇するという現象が非常によく起こります。そこにはさまざまな要因がありますが、大きな原因のひとつが「氣で持つ」ことにあるのは間違いないでしょう。

氣が通う実感を得る

――氣が通っているかを確認する3つの方法

「氣が通っているかどうかは、どうすればわかりますか?」という質問を受けることがあります。たしかに氣が通っているとき、わたしたちに特別な感覚があるわけではありません。ですから、わかりづらいと思われるかもしれません。

これは「元氣である」状態とよく似ています。元氣なときは特別な感覚があるわけではありません。健康そのものの状態でいるとき、わたしたちは「自分は健康である」ということを忘れているものです。むしろ病や不調が襲ってきたときにだけ、その痛みや不安を通じて、健康のありがたさを感じてしまうものでしょう。

しかし、特別な感覚はなくても、元氣なときならではのさまざまな「実感」はあるはずです。例えば「身も心も軽い」「食事やお酒を美味《おい》しく感じる」のは、元氣な証拠です。その「実感」を自覚することで、自分が元氣であることを知ることができます。

氣が通う状態も同じように「実感」を通じて確認することができます。確認の方法はいくつもありますが、ここでは3つご紹介いたしましょう。

【見える範囲が広いか】

見えている範囲が広いとき、氣が通っています。これは視界の広さの問題だけではなく、視野が広く保たれているかどうかも重要です。調子の悪いアスリートを指導していると、例外なく視野が狭くなり、氣が滞っていることがわかります。「集中」しているつもりで「執着」をしてしまうと、氣が滞り、視野が狭まるということがよく起こります。

【周囲を感じられるか】

周囲のことを良く感じられるときは、氣が通っています。反対に、ひとつのことに心がとらわれて、周囲のことが感じられないときは、氣が滞っています。目の前のことに心がとらわれてしまうと、周囲のことをまったく感じられなくなります。とくに「人に合わせる」という心のつかい方をしていると、これがよく起こります。

【全身で捉えているか】

「全身全霊」という言葉の通り、合氣道に限らず何事でも、全身で捉えているときは氣が通っています。身体を部分的に用いているとき、つまり全身で捉えていないときは、氣が滞っています。小手先で物事をおこなおうとすると、これがよく起こります。

このように実感を通じて「氣が通っているか」を知ることができます。自分自身の状態を何度もチェックしていると、1日のなかでも、氣が出ている状態、滞っている状態を繰り返していることがわかるでしょう。自分の状態を正しく理解するところから始めてみてください。

氣のテスト　——氣が滞っていることを知らせる

「氣が通う」の反対は「氣が滞る」です。ときに「氣が切れる」と表現することもあります。

ここまで何度もお伝えしているように、氣は通っているのが自然な状態であり、本来の姿です。問題なのは、何らかの原因によって氣が滞ってしまうことだといえます。

氣が滞る原因はさまざまです。

身体の面からそのひとつを挙げるとすれば、「力み」があるでしょう。

余分な力が入っていないときは、氣が通っています。例えば、手。目標に向けて指をさしているときは、指先まで氣が通っています。しかし手首に力みが生じると、指先まで氣が通わなくなります。実際にやってみれば、すぐわかるでしょう。

「力みが問題だ」「力まないようにしよう」とわかっているつもりでも、実際に余分な力が入ってしまう瞬間を自覚することはなかなかできません。本人には、力んでいるつもりがまったくないからです。しかし「力みによって氣が滞っている」という実感を、何らかの方法で本人に知らしめることができれば、また氣が通うようになります。

心の面からは「意識」が、氣が滞る原因になります。

わたしたちが落ち着いて行動しているとき、意識は下腹にあります。正確には「臍下《せいか》の一点」といって、下腹で力の入らない無限小の一点です（次ページ図①②参照）。

日本語では、緊張することを「上がる」といいます。これは、意識が頭のほうに上がってしまう状態を表しています。例えば、大人数を前にしたスピーチで頭が真っ白になってしまうという経験をしたことはありませんか。これは、意識が下腹ではなく、頭のほうに上がってしまった結果、氣が滞ることで生じる状態です。氣が滞ると、まわりのことがまったく感じられなくなります。

そして身体の力みと同じく、「意識が問題だ」とわかっても、実際に意識が上がっている瞬間は、本人にその自覚はありません。「意識が上がることで氣が滞っている」という実感を、何らかの方法で本人に知らしめることができれば、また氣が通うようになるのです。

この何らかの方法、つまり「力みによって氣

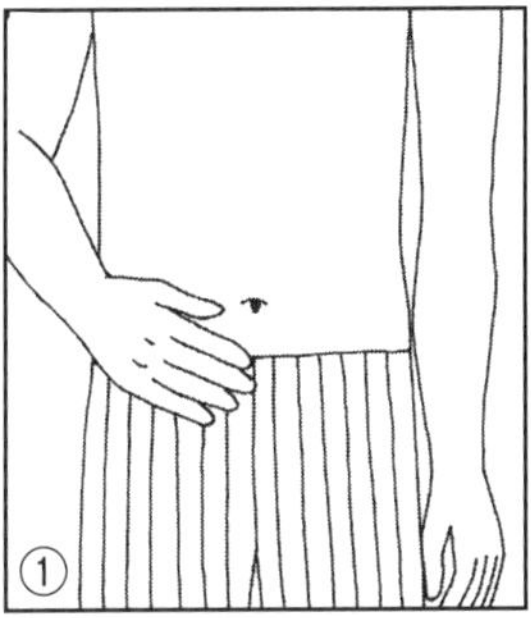

臍のすぐ下を指先で軽く触れ、指先に対して下腹に力を入れる。下腹に力が入る場合は、位置がまだ高い。

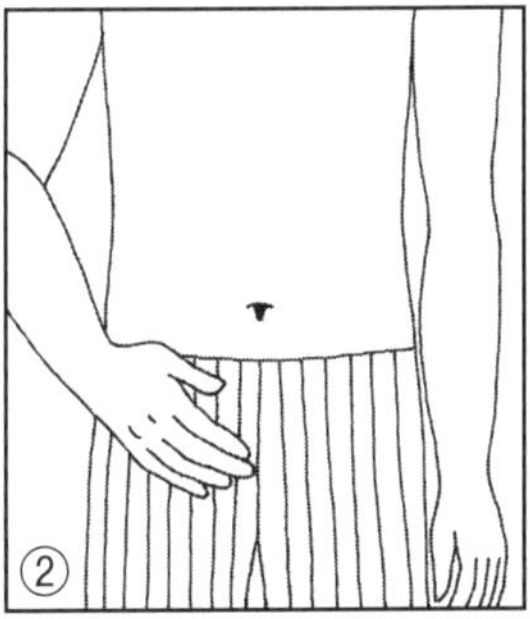

指先を①から下にずらしながら、下腹に力を入れてみる。下腹に力が入らないかなり下の場所が正しい「臍下の一点」の位置。

が滞っている」「意識が上がることで氣が滞っている」ことを本人に知らせる方法が「氣のテスト」です。

氣のテストは、テストをする者をA、受ける者をBという組み合わせでおこないます。

Aは氣の通った手（指先）でBに触れます。そうすることで、氣が滞っていることをBに知らしめることができるのです。もっともわかりやすいのは姿勢です。Bの氣が滞っていると、Bは簡単に動いてしまいます。つまりAは姿勢の不安定さを指摘することで、Bに「氣が滞っている」と伝えることができるのです。氣が通うと、Bはバランスの良い姿勢になるので、同じようにそのことを伝えることができます。

藤平光一は、この氣のテストによって、合氣道を学ぶ者はもちろん、多くのアスリートを指導してきました。後の章で触れるロサンゼルス・ドジャースでの指導も、すべてこの「氣のテスト」に基づいています。

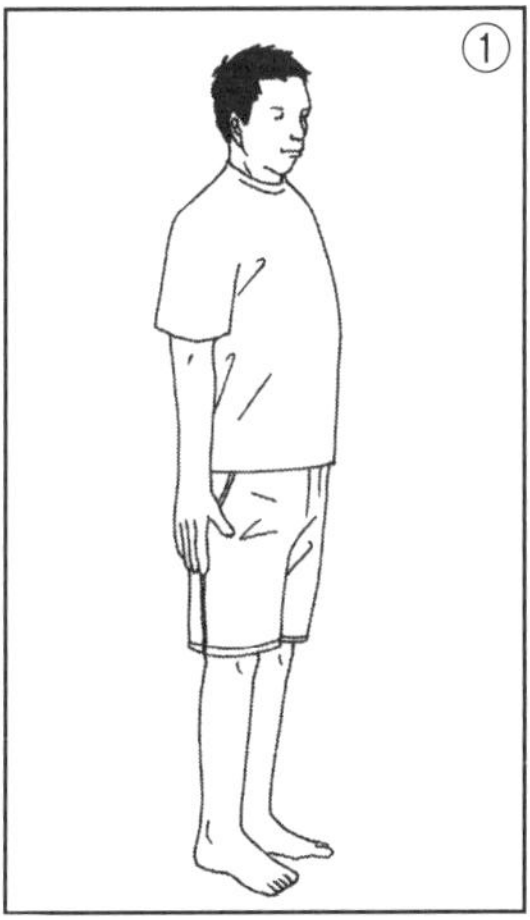

一般的に正しいといわれる「氣をつけ」の姿勢。

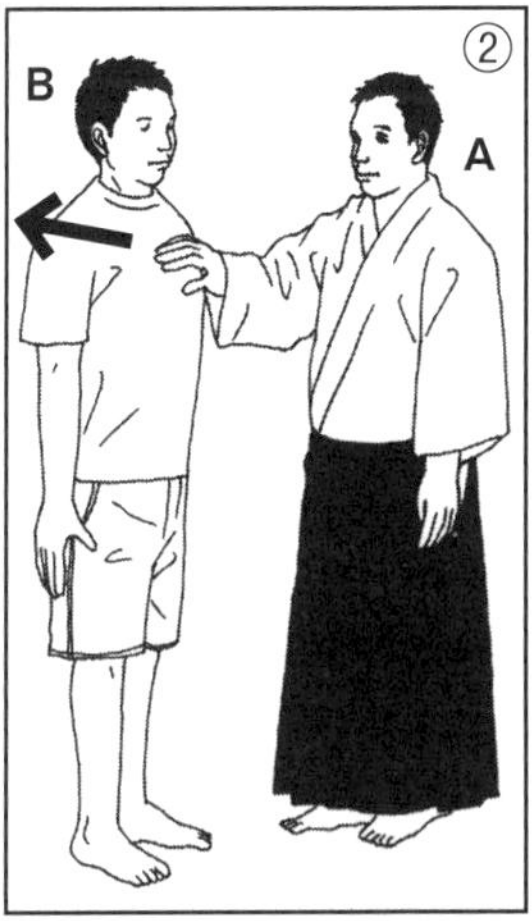

Bの胸の上部を、まっすぐ静かに押してみる。

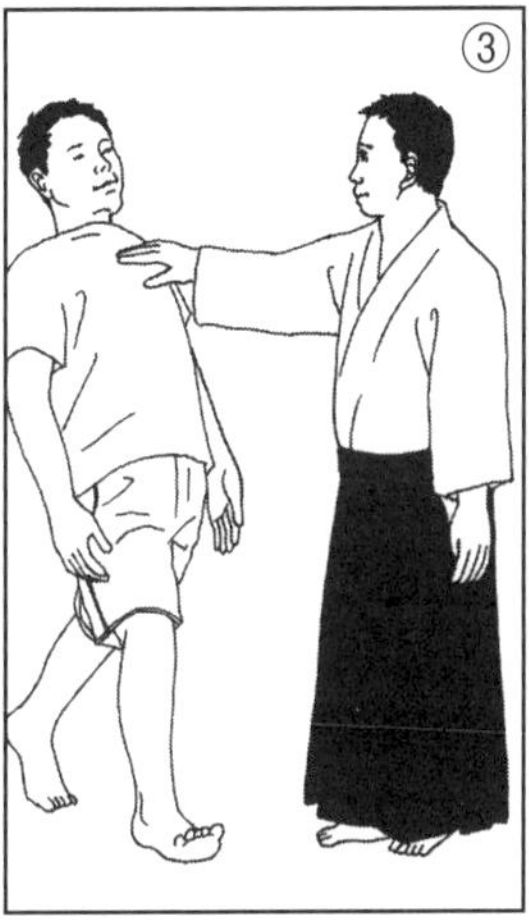

バランスを崩し、簡単に動いてしまう。

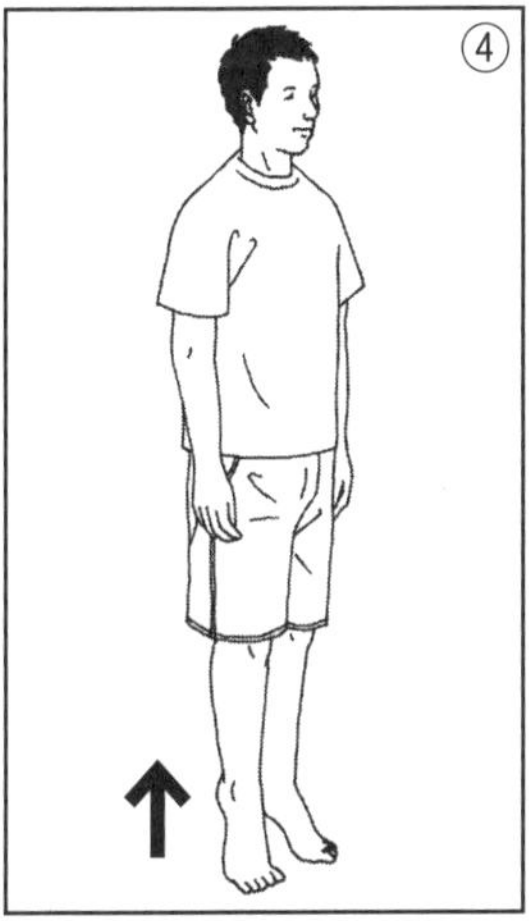

つま先立ちをする。

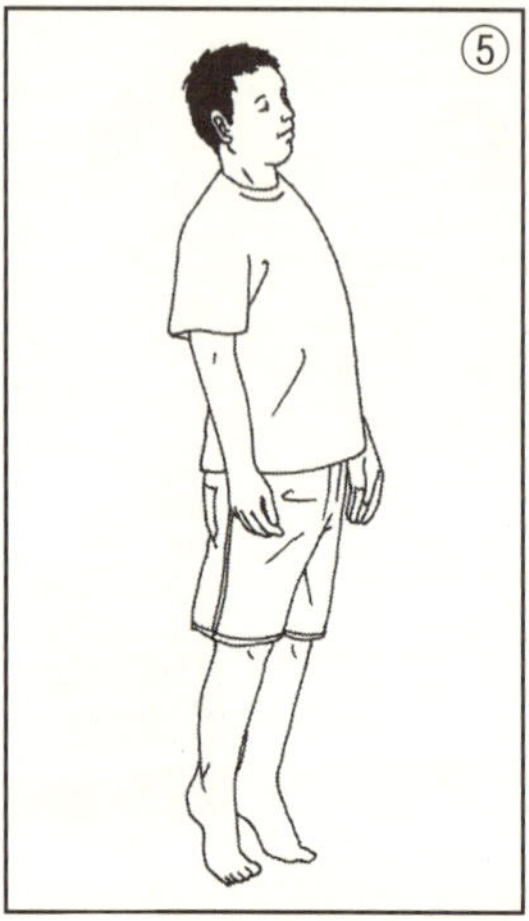

つま先立ちのとき、上半身が後ろに反る人がいるので、注意を。

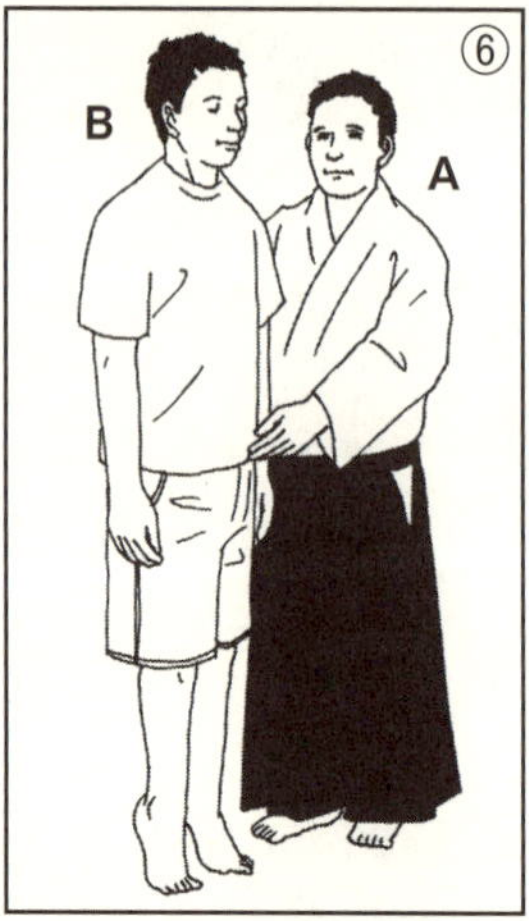

チェックする人（A）は、上体が後ろに反らないよう補助する。

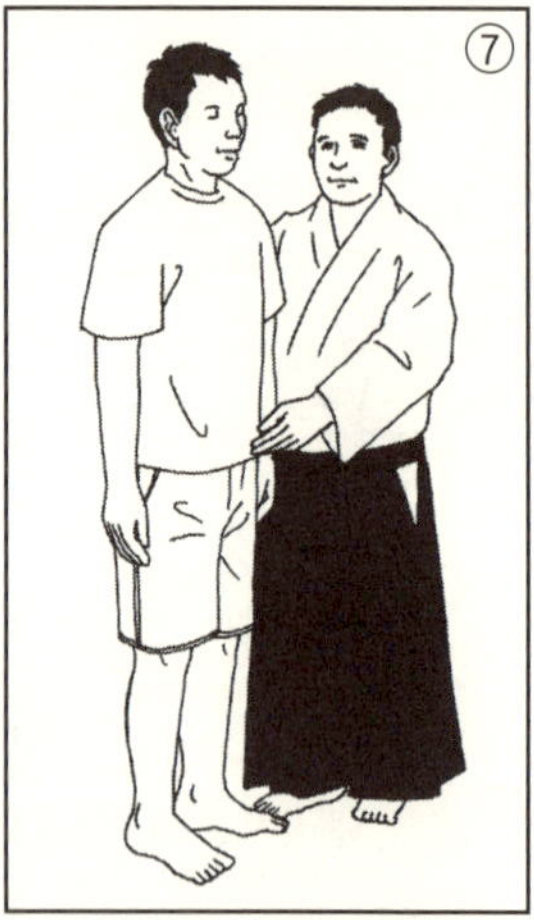

かかとを床に静かに下ろす。

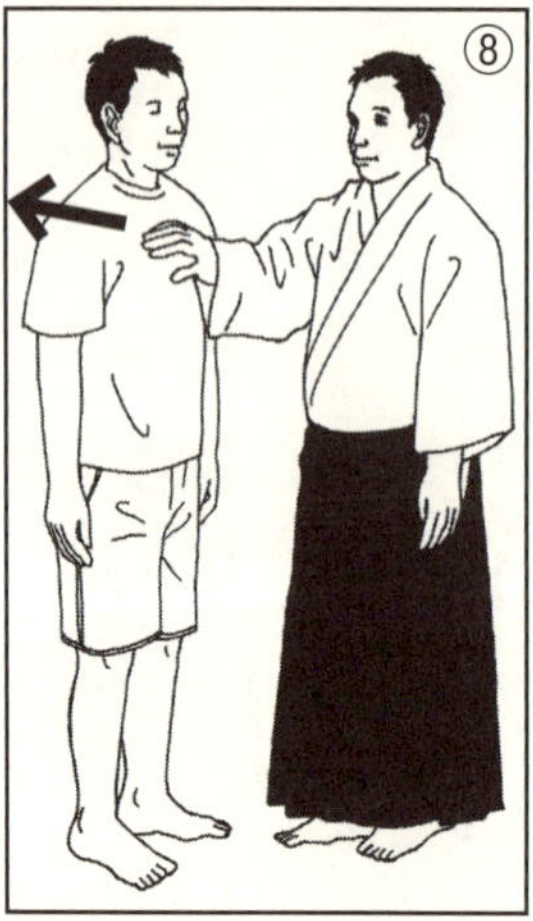

静かに押してみると安定していることがわかる。

意識と無意識 ——氣が通うとき、無意識の働きは最大化される

「意識」と「無意識」という観点からも、氣について解説しておきましょう。なお、本書で述べる「無意識」は、不用意という意味ではなく、自覚されない意識のことを指しています。

わたしたちの行動の多くは「無意識」によって生じています。

例えば、歩くという動作をするときのことを思い出してみてください。地面が、硬いアスファルトから、柔らかい砂浜に変わっても、わたしたちは瞬時に対応することができます。「地面の硬さが変わったから歩き方を変えよう」と、いちいち意識することはありません。足裏が変化を感じ取った瞬間、無意識のうちに対応できてしまうのです。

そして「無意識」によって生じた行動を改善するために不可欠なのが「意識」です。

しかし、常に意識によって行動しようとすると、かえって上手くいかなくなります。

例えば「歩く」という動作も、右足と左足の動かし方、そのときの手の振り方などを

すべて意識してやったらどうでしょうか。その瞬間に、上手くできなくなってしまいます。

アスリートを指導していて強く感じるのは、この「無意識」の重要さです。プロ野球選手の打者は100マイル（160キロ）の球を打ち返すことができます。これは意識的に考え、身体に命令していたのでは間に合いません。「打つ」という目的のもと、あとは無意識が働いて、感じ取った瞬間に反応しているからこそ可能な動作なのです。

「無意識」が最大限に発揮されるのは、氣が通っているときです。周囲の変化をよく感じ取れるようになり、また瞬時に反応できるようになります。逆に、調子の悪い選手は「意識」がパフォーマンスの邪魔をしています。

つまり「氣が通う」とは、「意識」の領域ではなく、「無意識」の領域だといえるでしょう。もちろん、メジャーリーグの選手たちも最初から高いパフォーマンスを発揮できるわけではありません。最初の訓練は、意識的におこなう必要があります。しかし意識しなければできない状態のままでは本物とはいえません。無意識におこなえるようになって一人前なのです。

「氣が通う」のも同じです。「氣を通わせよう」などといちいち意識していたら、むしろ状態は悪くなってしまうでしょう。「氣が通う」状態が当たり前になって、初めて状態は良くなるのです。

これは誰もがハマる落とし穴のようなもので、もっとも誤解しやすい点だといえます。

多くのアスリートが「氣を学びたい」と来られますが、残念ながら、昨今は「知識を得る」目的の方が増えていると感じます。「良いところをちょっとかじりたい」という感覚なのかもしれません。それではお役に立つことはできないので、ときには丁重に指導をお断りすることもあります。

藤平光一に教えを求めた王貞治さんは、道場で学んだことを「いつでも再現できるように」と、常人では考えられないほどの厳しい鍛錬をされました。それができたのは、「意識すればできる」状態ではまったく役に立たず、「無意識でもできる」状態になって初めて役に立つのだということを、王さんが理解されていたからでしょう。

大きな視点での「氣が通う」——不安感は氣の欠乏症

これまで「氣とは何か」についてお伝えしてきました。ここで一度、原点に戻りたいと思います。

わたしたちは自然の一部の存在であり、自然と一体であるのが本来の姿です。このとき、氣は通っています。しかし、目まぐるしく変化する現代社会においては、個に執着しがちになり、この当たり前の事実を忘れてしまうのです。そして自然と一体ではなくなり、氣が滞ってしまいます。

さらにいえば、ここにおいて重要なのは「意識」のなかにあるものではなく、「無意識」のなかにあるものです。

現代社会には「漠然とした不安に襲われる」という人が非常に多くなっています。その不安から逃れるために、意識して「誰かとつながろう」「何かとつながろう」とする人もいますが、一時的に氣が紛れても、またそこはかとない不安に襲われているのが実情ではないでしょうか。

わたしはこの状態を「氣の欠乏症」と呼んでいます。この広大な大自然において、自分が「個」としての存在でしかないとしたら、例えようのない不安を感じることでしょう。この、無意識にある「自然とのつながり」を実感できなくなり氣が滞ってしまった状態が、氣の欠乏症なのです。しかし、わたしたちはもともと自然の一部の存在なのですから、意識的に「つながろう」としなくても、もともと「つながっている」のです。これを実感できたときに、この不安は影を潜めます。

「不安」とよく混同されるのが「恐れ」です。

一見似ているようですが、両者はまったく異なるものです。恐れは、人間が生存するために絶対不可欠な心の働きであり、恐れを知らないものは生き残れません。大自然への恐れは、この心の働きによるものであり、「畏怖」とも表現されます。

氣が通っているときは、正しく恐れることができます。これもまた、とても大事なことなのです。

インターネットが普及し、多くの人びとがスマホを持ち歩くようになり、情報面でのつながりは劇的な変化を遂げました。しかし「氣が通う」という視点で見れば、インターネットが普及する以前よりも、氣は通いにくく、自然とのつながりは希薄になっているように感じられます。

「氣が通う」ことはコミュニケーションの基本であり、なくてはならない土台です。

第2章では、氣を日常生活でどのように活かすかについてお話しします。

第2章

氣は人間関係を豊かにする

氣が通うから心をつかえる

氣が通《かよ》うから心をつかうことができる、と第1章でお伝えしました。これは、氣が滞《とどこお》っていると心をつかうことができないということでもあります。

あるご夫婦の話です。

奥さまのお父さまが倒れて入院することになり、連日、病院まで付き添いに行くようになりました。このご夫婦は心身統一合氣道の稽古をしていたのですが、奥さまの体調を心配した旦那さまが、稽古を休んではどうかと勧められたそうです。奥さまの本心としては稽古を続けたかったようですが、優しく氣遣ってくれる旦那さまの勧めに従って、稽古を休むようになりました。

最初の1、2週間は問題なく病院に通われていたそうです。しかし、その後お父さまの病状が思ったよりも重いことがわかり、奥さまはふさぎ込んでしまったのです。偶然、そのことを耳にしたわたしは、旦那さまと話をしました。奥さまは連日の看病と、厳しい現実を前にして、氣が滞っていました。そうなるともう心はつかえなくなります。

「こんなときだからこそ、稽古をなさってはどうですか」

わたしはそう勧めました。なぜなら、稽古に行くという行為そのものが「氣を出す」ことであり、道場でさまざまな人と交流することも「氣を出す」ことだからです。もともとは奥さまの疲労を心配しての判断だったのですが、旦那さまは考え直してくださり、再び、奥さまと一緒に稽古に来るようになりました。すると、みるみるうちに奥さまは元氣になり、また前向きに看病に臨めるようになったのです。

「氣を出すことで新たな氣が入ってくると教わっていたのに、実際には反対のことをしてしまいました」

旦那さまはそう猛省なさっていましたが、これはこのご夫妻に限ったことではありません。多くの人が陥りやすい間違いなのです。

仕事が忙しくなったから稽古を休む、とおっしゃる方は少なくありません。

たしかに限られた時間をやりくりするのは大変かもしれません。しかし、スケジュールが過密になると、心身ともに疲労が蓄積し、氣が滞り、心をつかうことができなくなってしまいます。それでも無理に仕事をし、心をつかい続けることを求められるのが現代社会ですから、悪循環に陥るのは明らかでしょう。

仕事が忙しいからこそ、稽古が必要になるのです。実際、本当に過密なスケジュールを日々こなしているビジネスパーソンほど稽古を休みません。「氣が通う」ということの重要性を身体で理解しているからなのです。

ここでは心身統一合氣道を例にしましたが、氣が出るのは、稽古のときだけではありません。氣の出る機会は、人それぞれ、さまざまな方法や場があることでしょう。仕事や用事が忙しくなればなるほど、その時間を削ってはいけません。どうしても心をつかえない、前向きになれないと感じたら、まず「どうしたら氣が通うか」を考え、工夫することが大切なのです。

生きるということは氣を出すこと

少しハードな事例を紹介しましょう。

ある地方都市で氣の講習をしたときのことです。講習後に設けられていた懇親の席に参加していると、50代前半と思われる、少しやつれた感じの男性が近づいて来ました。込み入った話があるとのことで、どうしても2人だけで話したいとおっしゃるのです。懇親の場ではありましたが、少し離れたところでお聞きすることにしました。

すると、その方は真剣な表情でこうおっしゃったのです。

「じつは、ここに来るまで、死のうと思っていました」

あまりの言葉に一瞬、戸惑いましたが、話を続けていただきました。どうやら事業に失敗して会社を失い、連帯保証人になっている借り入れ金返済のため、先祖伝来の家も失うことになるだろうとのことでした。2人おられるというお嬢さんの進学という希望も叶えてやれず、家族に合わせる顔がないといいます。どうやら、ご自宅にはしばらく帰っていないご様子でした。

「どうしてこの講習に来られたのですか？」

わたしが尋ねると、知り合いに強く勧められて仕方なく来たと答えます。ただ、周囲の人と一緒に講習で学んでいくうちにだんだん元氣になってきて、根拠はないものの、何とか道が開けるような氣になったのだそうです。

それで懇親の席で、わたしに声をかけたといいます。


この方はこうした処理に長けた代理人も立てず、すべての問題を自分ひとりで抱え込もうとしていました。そうして、誰にも相談できないし、誰にも理解されないのだと思い込んでいたのです。つまり、完全に氣が滞っている状態でした。当然、心はまったくつかえませんから、何も希望を持てなくなって、絶望感だけが募ってしまいます。

わたしは、もっともいけないのは氣が滞ることであり、それが状況を悪くしている元凶ではないかとお話ししました。この問題を解決するには、相談相手を見つけることが欠かせません。まずは債権者と直接交渉しようとせず、専門の代理人を立てること、そして、家族みんなで話し合うことを強くお勧めしました。また、氣の講習で指導した「氣の呼吸法」（85ページ参照）を毎日おこなって欲しいとも伝えました。

「氣が通ってさえいれば心は自由自在につかえます。希望を持ち続けることができます」

わたしの言葉に、この方はうなずいてくださいました。氣が通うことの大切さを、講習ですでに実感なさっていたのでしょう。そして、こう答えてくださったのです。

「死ぬのは止めます。先生がいわれたことをやってみて、それから考えてみます」

そして、晴れやかな表情で帰っていきました。誰かに話をすることによって氣が出て、新たな氣を補給し、氣が通うようになったのです。

その後も、きっとご苦労をなさったに違いありません。しかし翌年から毎年届くようになった年賀状には、家族全員がお元氣であること、前向きに生きていることが記されています。

「生きるということは氣を出すことである」

これは藤平光一が生前、よく色紙にしたためていた一文です。

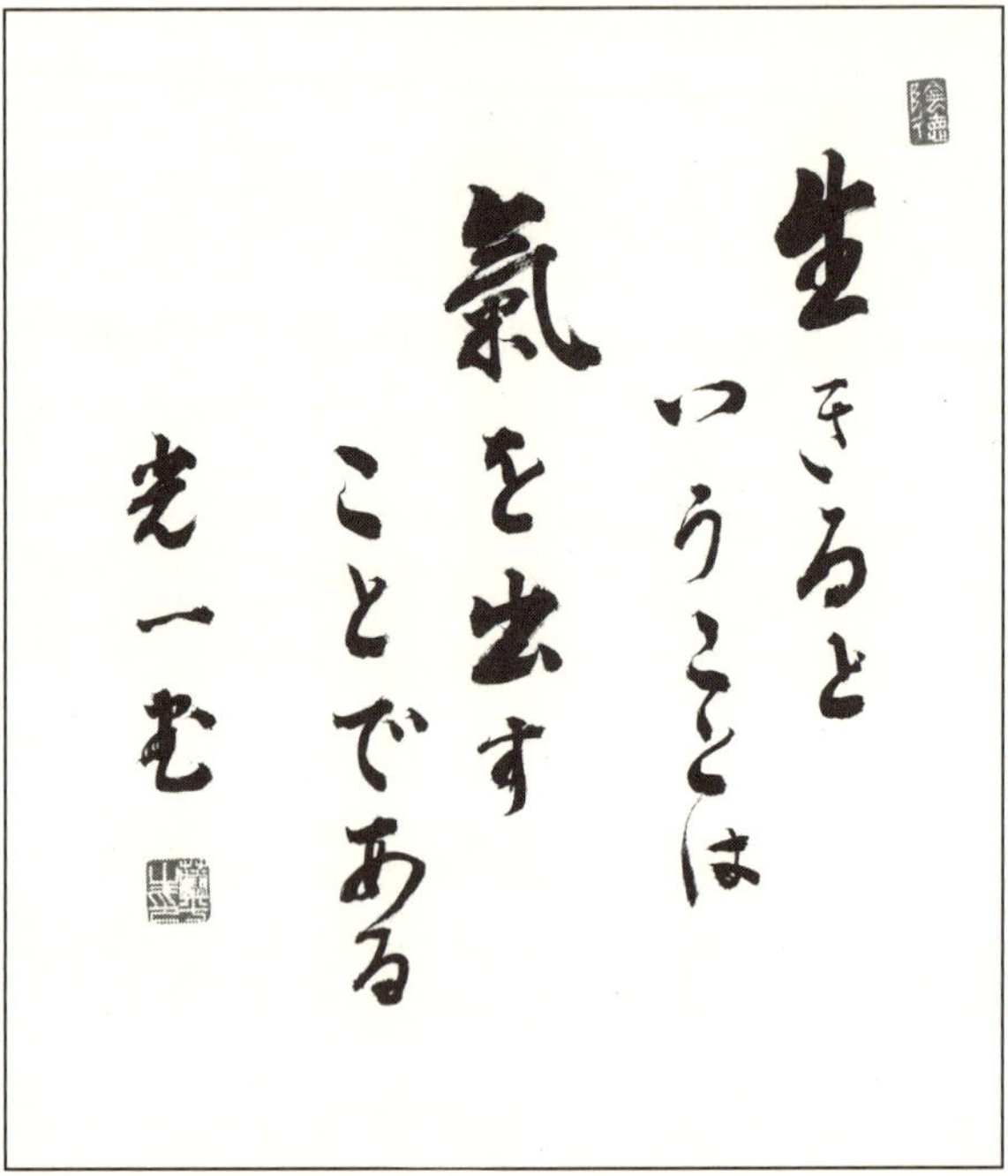
生きるということは
氣を出す
ことである
光一

自然に身を委ねる

わたしたちは自然の一部の存在であり、自然と常に交流することで生きています。呼吸はそのひとつです。身体の外部から空氣を取り込み、酸素と二酸化炭素の交換をおこなって、二酸化炭素を外に排出する。この一連の流れは、自然との交流そのものです。食物も同様です。身体の外から取り込んださまざまな食物を消化し、エネルギーを得て、そして排泄するという一連の流れは、自然との交流です。

氣もこれらと同じです。自然とわたしたちとの氣の交流こそが「氣が通う」ということです。

先ほどの例のように、わたしたちは、実際にはまだできることが残されているにもかかわらず、「もう何もできない」「どうすることもできない」という絶望感に陥ってしまうことがあります。これは「この世に自分しかいない」という錯覚から生じるものです。自然の存在を忘れて一体感を失うと、やがて、この広大な大自然に自分ひとりだけという感覚にとらわれてしまいます。この絶望感はすさまじく、究極の氣の滞りといっても過言ではありません。

自然との一体感、あるいは、氣が通うという実感を失うと、自分の力だけで、目の前のことを、今すぐに、解決しようとします。必要な時期になれば、必要な助けが得られるかもしれないのに、それを待てない。あるいは、まわりの人たちには手助けをする準備や意志があるのに、まったく氣がつかない。そんな不幸な状況に陥ってしまうのです。

もちろん、何もしなくていいというわけではありません。しかし、物事には、自分の力が及ぶものと、及ばないものがあります。自分にできる努力はもちろん尽くすべきですが、自分の力の及ばないことに対しては、身を委ねることが肝要です。ところが氣が滞っていると、自分の力が及ばないことまで無理やりコントロールしようとしてしまうのです。「自然に身を委ねる」と「何もしない」のでは、まったく意味が違います。

困難に直面したときの打開策としてよく用いられる方法に「考え方を変える」「やり方を変える」というものがあります。しかし、氣が滞っている状況では、心がつかえないので、こうしたテクニックはまるで通用しません。まず必要なのは「自然に身を委ねる」という大きな意志です。自然に任せきった瞬間、氣が通い、楽になることができます。そうなってから初めて、心をつかうことが可能になるのです。

とはいえ、いざ実際に、逆境に身を置いているとき、自然に身を委ねるという決断をするのは、決して簡単なことではありません。わたし自身、先代からこのように教わり、頭では理解したつもりでしたが、実感できるようになるまでには、時間がかかりました。その後の歩みにおいて、何度も逆境に陥りながら学んだのです。「もう駄目だ」と思ってしまうたびに、教わったことを思い出しました。そして、自分にいい聞かせたのです。

今は解決法が見つからなくても、いずれ見つかるかもしれない。

今は協力者がいなくても、いずれ現れるかもしれない。

そうやって、自然に身を委ねてきました。その結果、必要な時期に必要な解決法が見つかり、必要なときに必要な協力も得られました。こうした経験がなければ「自然に身を委ねる」ことの実感は得られなかったでしょう。

ですから、今のわたしは確信を持ってお伝えすることができます。

「氣が通う」ことの土台は、自然に身を委ねることなのです。

氣が通っているから心は伝わる

「自分はこんなにも相手のことを思っているのに、相手にまったく伝わらない」

こんな経験をお持ちの方は、けっして少なくないでしょう。とくに年頃のお子さんをお持ちの親御さんは思うところが多々あるのではないかと思います。

「思いが伝わらない」とは、すなわち「心の状態が伝わらない」ということです。これは氣が滞っているために、自分のなかだけで心の状態が完結してしまっていることから生じる現象です。氣が通っていないと、心の状態は相手にまったく伝わりません。

心身統一合氣道の稽古では、自分を攻撃してくる相手に対して技をおこないます。

このとき、相手の身体の動きにフォーカスしていると、反応が遅れてしまい、技は上《う》手《ま》くできません。相手の身体が動く前に反応しなければいけないのです。そんなことが可能なのかと思われるかもしれませんが、身体が動く前には、必ず心が動いていますから、心の動きにフォーカスすればそれができます。心の動きは、氣の働きによって伝わります。身近な言葉でいえば、「氣配」を感じるということになるでしょう。

これは「空氣」と「音」の関係によく似ています。

音が伝わるのは、そこに空氣があるからです。空氣がなければ音は伝わりませんから、どんなに大声を出しても、耳をすましても意味はありません。同じように、心の状態を伝えるには、氣が通っている必要があるのです。

逆に、氣が滞っていれば、心の状態は伝わりません。心身統一合氣道の稽古でいえば、氣が通っている状態だからこそ、今から攻撃してくる人間の心の動きが伝わり、技が上手くできるのです。

ある経営者の方から、ご相談を受けたことがあります。

「自分はこれだけ社員のことを思っているのに、それが社員に伝わらない」

そうおっしゃっていました。この方は「強い思いを持っていさえすれば、必ず相手に伝わる」と信じて疑わないご様子でした。しかし、実際には、その前に「氣が通う」という土台が必要です。その土台がなければ一方的な思いで終わり、空回りとなります。氣が通うという土台のない強い思いは、いわば、空氣のない宇宙空間で一生懸命大声で叫んでいるようなものなのです。

このご相談のケースでは「どうやったら思いが伝わるか」ではなく「どうしたら氣が通うか」を考えることが解決の第一歩となります。実際、この経営者の方は稽古で「氣が通う」ことを学ぶうちに、社員にもきちんと思いが伝わるようになりました。

挨拶をすることで氣が通う

心身統一合氣道に限らず、多くの武道が「挨拶」をとても大事にしています。芸事の世界でも、挨拶ができない者はまったく相手にされません。これは挨拶が形だけのものではなく、氣が通ううえでの基本だからです。

よく混同されていますが「挨拶」と「返事」はまったく別のものです。

こちらから積極的に声をかけるのが「挨拶」であり、声をかけられて言葉を返すのが「返事」です。ここでいう挨拶とは、返事のことではありません。

第1章でお伝えした通り、氣が通うには、まず氣を出すことが重要です。それは氣を出すことによって、新たな氣が入ってくるからでした。みなさんは、もうおわかりでしょう。挨拶は「氣を出す」ことそのものなのです。


わたしたち人間は、苦手にしている人とはできるだけ関わりたくないと思ってしまいがちです。できれば挨拶も、必要最低限にしておきたい、というのが本音かもしれません。しかし、そのような態度で人と関わっていると、氣はどんどん滞り、もともと良くなかった人間関係がさらに悪化してしまいます。

もし、完全に付き合わないで済むのであれば、関わりをまったく持たない方法もあるでしょう。しかし、会社の上司・部下の関係であったり、自宅のご近所さんであったり、どうしても付き合わないといけないというケースも数多くあります。そういう相手とどうしても関わらないといけない案件が生じたり、いいにくいことを伝える必要が生じると、憂鬱《ゆううつ》な氣分になってしまうわけです。そういう経験をお持ちの方はきっと多いでしょう。必要なのは、やはり、どうしたら氣が通うかを考えることです。

ここで大きな助けとなるのが、挨拶です。

苦手にしている人の姿を見かけたら、こちらから積極的に声をかけるようにしましょう。それによって、氣が通った状態で相手と接することが可能になります。すると、それまで避けていたため見えていなかった相手の心の状態が、少しずつわかるようになってくるはずです。

自分に対していつも厳しいことばかり口にしている人が、じつは自分のためを思っていってくれていた。自分が良かれと思ってやっていたことが、じつは逆に相手を傷つけてしまっていた。氣が通い、心の状態が伝わるようになると、そういったことがわかってくるのです。

相手の心の状態を理解できるようになれば、それに基づいた行動をとることができます。そうすることで、それまでギクシャクしていた人間関係が改善される可能性は高くなるでしょう。

氣が通うと伝わりやすくなる

「伝えにくいことを伝える」

社会生活を営むうえで、非常に大事で、避けては通れないことですが、これが苦手だという人は多いでしょう。「伝えやすいこと」を「伝えやすい人」に伝えるのは、おおむね問題ないはずです。「伝えにくいこと」を「伝えやすい人」に伝えるのも、工夫さえすれば何とかできるという人が多いのではないでしょうか。もっとも難しいのは「伝えにくいこと」を「伝えにくい人」に伝えるというケースです。

わたしは組織のリーダーという立場にありますから、伝えにくいことでも、きちんと当人に伝えなければいけないという事態に日々遭遇しています。その相手はわたしより年長の方だったり、道における先輩であったりもします。しかし、もし「伝えにくい」という理由で、わたしが伝えることをあきらめてしまったり、後回しにすれば、問題は解決しません。それどころか事態が悪化してしまいます。

こうしたときに配慮すべきポイントはたくさんあります。

例えば「言葉を選ぶ」「表現を工夫する」「タイミングを選ぶ」「感情的にならない」など、いずれも重要なことでしょう。しかし、それらの土台となるのは「氣が通っている」ことです。この場合の「氣が通う」とは「相手と対峙する」関係ではなく、「相手とともに歩む」関係にある状態を指します。信頼関係の構築と置き換えてもいいでしょう。

誰にでも「あの人にだけはいわれたくない」と感じてしまう相手がいるものです。そうした相手からは、たとえ正しいことをいわれたとしても、心情的に受け入れられません。反対に「この人にいわれるのなら仕方ない」という相手もいます。その人からなら、少々厳しい指摘を受けたとしても、すんなり受け入れられてしまうものです。

これは日常的に起こっている現象ですが、その原因は氣が通っているかどうかの違いです。氣が通っている状態で伝えれば何の苦労もなく伝わる内容なのに、そうでないとまったく伝わらない。とくに「伝えにくいこと」を伝えようとするときは、これが顕著になります。ですから、伝え方をあれこれ考える前に、まず「どうしたら氣が通うか」を考えるほうが近道になるのです。


ある企業で講演をしたとき、懇親の場で参加者のおひとりがわたしにこんな質問をしました。

職場にとても付き合いにくい同僚がいて、普段からできるだけ関わらないようにしていた。会話は必要最低限に済ませ、挨拶すらほとんど交わすことはなかったそうです。ところが、あるとき、どうしても、その人に直接伝えなければいけない立場になったといいます。しかも、その内容は、その人の業務態度を指摘するものでした。まさに伝えにくいことを、伝えにくい人に伝えるというケースです。「貧乏くじを引いてしまいました」と苦笑いなさっていましたが、かなり困っておられるのは明らかでした。

苦手な相手を避けてしまうのは、人間の本能的な行動です。しかし、この方のように、必要最低限だけしか関わらないという態度を続けていると、氣が通わなくなってしまいます。そうすると、今回のような、いざというときにコミュニケーションをとることができなくなってしまうのです。

やはり、苦手な相手ほど、日頃から氣が通うように工夫をしておくことが大切です。日常的に声をかけることが重要ですから、自分から積極的に挨拶の言葉をかけるようにしておきましょう。最初はそれだけで構いませんし、相手が挨拶を返すかどうかもあまり氣にしないようにしてください。まず、氣を出すこと、こちらから心を向けることが重要なのです。実行してみるとわかりますが、たったこれだけのことで驚くほど、あなたの言葉は伝わりやすくなります。

防災と同じで、いざというときに困らないようにするためには「日頃の準備が重要」ということです。

氣が通っているから氣づく　――氣づく能力は訓練できる

氣が通っていると、周囲のことをよく感じられるようになります。周囲のちょっとした変化にも即座に氣づき、対応することが可能です。これに対して、氣が滞っているときは、周囲で起きていることをほとんど感じられなくなり、見落とすことが増えてしまいます。

つまり、氣が通っているから「氣づく」ことができるのです。

問題やトラブルは「いきなり」起こるものだと思われるかもしれません。しかしまったくの予兆なしに生じる出来事というものはむしろ少なく、大きな困難が起こる前には、必ずといっていいほど、何らかのサインが発せられているものです。このサインを見逃してしまっているからこそ、問題やトラブルが「突然」起こったように感じられます。

例えば、こんな変化を感じたことはないでしょうか。

・いつも明るい表情で過ごしている人の表情が、なぜか曇っている。
・日頃よく食べる人が、今日はあまり食べなかった。
・普段、口数が多い人なのに黙っている。
・お酒やタバコの量がいつもと違っている。
・話をするときの距離感が、普段と異なっている。

これらの変化は、すべて何かのサインです。健康状態や精神的なトラブルが起きているのかもしれませんし、人間関係の変化が原因かもしれません。こうしたちょっとした変化を敏感に感じ取り、いち早く「氣づく」ことができれば、その後に起こるトラブルも「いきなり」ではなくなります。場合によっては、早めに対処したり、問題の発生そのものを未然に防ぐことができるかもしれません。

この「氣づく」能力は、社会においてリーダー的な立場にある人にはとくに重要だといえます。これを発揮するためには「氣が通う」訓練が不可欠です。

心身統一合氣道を学んでいる方のなかに、小西浩文《ひろふみ》さんという世界中の8000メートル級の山々を無酸素で登頂しているスーパーアスリートがおられます。お話を聞くと、やはり、これまで何度となく、生死を分けるような危険な場面に遭遇されてきたそうです。しかし、幸運にも事前に察知することができたといいます。そのおかげで、大きな怪我もなく、今も無事に生き延びているとおっしゃっていました。心身統一合氣道を学ぶ前から「氣が通う」ということを体得なさっていたのでしょう。

小西さんによれば、山においても、危険はいきなり襲ってくるものではなく、必ず何らかのサインを発しているのだそうです。標高８０００メートルといえば、氣温は氷点下数十度、酸素も極端に薄く、生命の維持にとっては極限の世界ですから、そうしたサインに氣づけるか、氣づけないかが、まさに運命の分かれ道になるのでしょう。「氣が通う」ことがまさに死活問題であり、そうした場に挑み続けてこられたがゆえに「氣が通う」ことの意味を深く理解し、体得できたのだろうと感じ入りました。

対照的な事例も挙げておきましょう。

ある時期、わたしが育成していた内弟子のひとりは、周囲のことにまったく氣づかないタイプでした。世間的には「鈍い」といわれる、そんな青年です。彼は自分に自信がなく、始終、周囲の目を氣にしているのですが、それでもまわりで起きていることに氣づけないのです。それは、彼がいつも「氣を引いている」からでした。氣を出すと氣は通い、氣を引くと氣は停滞します。そのことを何度も教えるのですが、何のことやらさっぱりわからない様子でした。

育成に八方塞がりとなったわたしは、この青年を叱るのを止め、こういいました。

「物事が上手くいかないとき、どのような状態になっているか。毎回その実感をわたしに報告しなさい」

初めのうちは「よくわかりません」の一点張りでしたが、何度も繰り返すうちに変化が出てきました。

「自分のことばかり氣にしていると、上手くいきません」

「ひとつのことにとらわれて、全体が見えていないと、上手くいかないようです」

こんな調子で、少しずつ自分の実感を表現できるようになっていったのです。これは極めて重要なことで、実感がなければ良くなるはずがありません。また自分の実感を口に出して表現することは、氣を出すことでもあります。

これは、物事が上手くいかないとき、いったん状況をリセットして、「氣が通う」状態に戻るための訓練でした。その結果、彼は、周囲で起きていることに氣づけるようになっていったのです。現在、この青年はリーダーのひとりとして、多くの人に心身統一合氣道を指導する立場に就いています。

氣づく能力は「才能」と捉えられがちですが、それだけではありません。氣づけないのは、氣が滞っていることから生じていることが多いのです。これは訓練によって鍛えることができます。

氣を切らない秘訣　――週末になると体調を崩す理由

氣は通っているのが本来の姿であることを、ここまで何度もお伝えしてきました。氣が滞るのは、不自然な心と身体のつかい方をしているときです。さらには氣が滞るのを通り越して、「氣が切れる」という状態になることがあります。解説しておきましょう。

わたしたちが身体を動かすとき、あらゆる動作は常に連続しています。ひとつの動作の終わりは、次の動作の始まりです。本来はそこに区切りはありません。

心も同じです。ひとつの出来事の終わりは、次の出来事の始まりでもあります。わたしたち人間が生きているあいだ、そこには本来「切れ目」はなく、氣も通っているのが当たり前なのです。

ところが、心のつかい方を間違えると「氣が切れる」という現象が起こってしまうことがあります。

休みになった途端、風邪をひいたり、具合が悪くなったりする人がいます。平日はどんなに忙しくても平氣なのに、休日になると病氣になってしまう。心当たりのある方は多いのではないでしょうか。これは仕事の終わりで氣が切れているために、さまざまな不調が生じているのです。また、体調は崩さないものの、月曜から仕事に戻るのがつらくて、休日の終わりが近づくとどっと疲れが出るという人もいます。これも休みの終わりで氣が切れているから起こるものです。

氣を切らないためには、心のつかい方を工夫するのが良いでしょう。仕事の終わりを「ゴール」と捉えるのではなく、そこから休みの過ごし方までを連続して、心に描いておくのです。それだけのことで氣は切れなくなり、体調を落とすこともなくなります。また、休暇に入る前から、休暇後にとりかかる仕事の戻り口を確認しておくようにすれば、不要なエネルギーをつかわずに仕事に戻ることもできるようになるでしょう。

かくいうわたし自身も、内弟子時代に、この失敗を何度か繰り返しました。

内弟子修行に「休み」というものは原則としてありません。それでもごくまれに、自由に過ごせる日をいただけることがありました。ところが、せっかくの貴重な休みが来るたびに、わたしは必ず風邪をひいて寝込んでしまっていたのです。

ある日、先代から問われました。

「どうして休みのたびに具合が悪くなるのか、わかるか?」

「わかりません」

そう答えました。

「それは氣が切れているからだ。よく考えてみろ」


いわれた通り、考えてみました。自然の営みには本来、休みという区切りはありません。過去から未来へ、途切れることなく脈々と続いていくものです。これを区切っているのは、わたしの心でした。

「休みまで頑張れば、何とかなる」

その心の使い方が、休みで氣を切ってしまう結果になっていたのです。つまり、本来連続しているはずのものを、自分が勝手に切っていたために、いろんな不具合が起こっているのではないかと氣づいたわけです。

そこで、休みの後の予定を確認しておき、あとは忘れて伸び伸び過ごすように変えてみたところ、休みのあいだも具合が悪くなることはなくなり、充実した時間を過ごせるようになりました。

そして、後になって、ふと「これが『氣を通す』ということなのか」と理解したのです。藤平光一は普段からよく「氣を通す」という言葉をつかっていました。その言葉の意味は自分なりに理解しているつもりでしたが、まだ本当にはわかっていなかったのでしょう。

仕事の終わりで氣が切れるのも、休みの終わりで氣が切れるのも、どちらも心で「終わり」や「ゴール」を設けているからです。ですから、少し先の予定まで確認しておくだけで、氣が切れることはなくなります。

アスリートにも、これはよく起こる現象です。

継続して高いパフォーマンスを発揮し続けるには、氣を切らないことが重要です。ところが、それまで目標としていた地点に到達すると燃え尽きてしまい、パフォーマンスが極端に落ちたり、何もやる氣が起きなくなったりする選手がいます。目標に向かっているあいだはモチベーションが高く保たれ、それ以外のことは考えられないほど熱心に鍛錬することができるのですが、その先を「ゴール」として心で区切っているせいで、そこで氣が切れてしまうのです。

ですから、普段から、目標を達成した先のことを少しでも心に描いておくことが大切です。そうすることで氣が切れなくなり、目標にたどり着いたあとも、モチベーションとパフォーマンスを持続することができます。オリンピックやワールドカップのような大きな舞台になればなるほど、これは顕著にあらわれます。優秀なコーチは、選手の氣が切れないように導いているものです。

氣が切れやすいタイミングがある

氣が切れるとはどんな状態なのか。そのことに氣づいたことで、どう立ち直ることができるのか。

実際にあった事例をご紹介しましょう。

60代男性（当時）の例です。

長年、会社一筋の人生を歩んでこられた方でしたが、定年退職を迎え、その日を境に会社に通うことがなくなりました。最初こそ「自由な時間が増えた」と喜んでいたのですが、やがて精神的に落ち込んでしまい、どこにも出かけず、家でふさぎ込むことが多くなってしまったのです。心配した奥さまが病院に連れていったところ「うつ病」と診断されました。この診断結果を知ったことで、さらに落ち込んでしまったそうです。

それまで長く続けてきた生活スタイルが一変したことがきっかけとなり、氣が切れることは決して珍しいことではありません。多くの社会人の方々にとっても、他人事ではないでしょう。

この方の場合は、奥さまが心身統一合氣道の稽古をしていたことから、無理のない範囲で月１回の氣を学ぶ講座に旦那さまを連れ出してこられました。そこで姿勢や呼吸のことを学び、他の参加者と交流するうちに、表情がみるみる晴れやかになり、その後も継続して学びに来ることになったのです。「氣を出す」ことを学ばれた今はすっかり元氣になり、地域のボランティア活動にも参加しておられます。

「退職前に、少しでも退職後のことに心を向けていれば、氣は切れなかったのですね」

そういっておられたのが印象的でした。


もうひとりは、大学の新入生（当時）の例です。

彼は大学受験のため、勉強に明け暮れる高校時代を過ごしていました。やっとの思いで志望校に合格しましたが、5月のゴールデンウィークが明けると、大学に通う氣力がまったくなくなってしまったそうです。他のことも手につかず、家に引きこもるようになりました。

わたしに相談したのは彼のお母さまです。じつは、彼は中学まで心身統一合氣道の稽古をしていました。しかし高校に進学後は受験勉強のため、稽古を休んでいたのです。

「ひとつの目標を達成した直後に氣が切れることはよくあります」

わたしは、お母さまに、そうお話ししました。志望大学の合格を最終目的地として心で区切っていたために、そこで氣が切れたのでしょう。入学直後は新しい環境での緊張もあって何とか状態を保っていましたが、5月の連休でそれが不調として表れたのかもしれません。

彼はもともと稽古が大好きだったので、稽古をしなくてもいいから、道場に顔を出すよう勧めました。後日、やってきた本人と話したところ「自分が何のために生きているのかわからない」といいます。そこで、子どもクラスの手伝いを頼んだところ、不定期で引き受けてくれました。その後、何回か手伝いに来て子どもたちと交流するうちに、表情がみるみる晴れやかになっていったのです。

すっかり元氣になった彼は、現在では立派な社会人になっています。

「氣が切れることがどれだけ怖いことか身をもって知りました」

これが当時を振り返っての、本人の言葉です。

もちろん精神的不調の原因は人や状況によってさまざまですから、一概には決めつけられません。しかし、氣が切れることが、その原因のひとつになっているのは間違いありません。これは、ちょっとした工夫で対処することが可能です。心で「終わり」を区切らず、氣が切れないようにすることが重要なのです。

もうひとり、わたしが尊敬して止まない、ある80代の経営者の例をご紹介しましょう。自ら起こした会社を一代で一部上場企業に育て上げた方ですが、「人生三毛作」と称して「60歳までの人生」「80歳までの人生」「80歳以降の人生」として、それぞれの年齢を完全に違う生活スタイルで過ごされているのです。実際に心身統一合氣道の稽古を始められたのは80歳を過ぎてからで、週に1回、欠かさず道場に通っておられます。

これも長い人生における「氣が切れない」秘訣なのかもしれません。

氣力を養う

「氣力」という言葉があります。

これは「氣が通う力」のことです。ですから氣力の低下とは、氣が停滞しやすい状態を指しています。

これまで何度もお伝えしてきた通り、わたしたちは自然の一部の存在であり、だからこそ氣が通っているのが本来の姿でした。ところが不自然な心のつかい方・身体のつかい方をすることによって、せっかく氣が通っているのを、滞らせてしまうことがあるのです。

氣が通う状態とは自然な状態そのものなのですから、頭で考えてつくり出せるものではありません。「氣が通う」という状態を何度も自分で確認し、それをいかに維持するかが重要です。

年齢を重ねた方が「氣力が衰えた」とおっしゃることがありますが、「氣力」は年齢に関係ありません。若くても無氣力な人がいれば、年配でも氣力に満ちている人はたくさんおられます。ときに健康状態すら関係ありません。健康でも無氣力な人がいれば、大きな病と氣力をもって向かい合う人もいるのは、みなさんもご存知でしょう。

氣力は本人が求め、養わない限り、外から与えることができません。物を与えるように、氣力を与えることは決してできないのです。

モチベーションも氣力の一種といえます。モチベーションが低下しているときは氣が滞っています。外から与えられたモチベーションには一時的な効果しかなく、自らの内側から生じたモチベーションは長続きするのはその最たる例です。

理想は、長い人生のあいだ、氣がずっと通っていることです。しかしそれは容易ではありません。わたしたちが生きているうちには、必ず氣が滞る瞬間が訪れます。ときにそれが続いてしまい、氣力の低下を引き起こすのです。

氣力が低下してしまったとき、もっとも重要なのは、無理をせず氣力を養うことです。なんとか頑張ろうと無理をすれば、必ず何らかの不具合が生じます。そうではなく、どうしたら氣が通うかを考え、工夫をすることが先決です。

この場合の対処法はおそらく人の数だけ存在しますが、全員に共通する方法として有効なのは「呼吸を静める」ことです。「氣の呼吸法」で、深くて静かな呼吸を繰り返すうちに、自分が自然の一部であることを思いだし、狭くて小さな感覚から、広くて大きな感覚に戻っていくことができます。「氣が通う」という実感があるかを確認し、それからあらためて物事に取りかかるようにしてください。

氣の呼吸法

人間は自然な状態、落ち着いている状態のとき、呼吸が静まっています。しかし、そこに何らかの不自然な作用が働くことで、呼吸は荒く、浅くなります。呼吸が荒くなっていいことはひとつもありません。荒く浅い呼吸がストレスやさまざまな疾患を誘発することは医学的にも示されています。しかし、「氣の呼吸法」を訓練することで、呼吸を静かに保つことができるようになり、大事な場面でも心を静めることができます。

氣の呼吸法を実際にやってみることにしましょう。

1　背もたれを使わず椅子に座り、姿勢を確認する

「氣の呼吸法」は、自然な姿勢でおこなうことが大前提です。これは余計な力が入っていない安定した姿勢、つまり「臍下《せいか》の一点に心が静まっている」状態のことです。ただ初心者の方が、これを自分で確認するのは難しいので、椅子に座り、第1章でお伝えした「氣のテスト」をおこないましょう。誰かに胸の上部を静かに押してもらい、安定し

た姿勢になっているかを確かめてもらってください。

2　姿勢が安定しないときは、仙骨（尾骨の上にある骨）を起こし、両肩を上下させて、自然な姿勢を確認する

仙骨が寝ている状態はいわゆる猫背ですが、逆に背筋が反ってしまうと、胸を張った緊張した姿勢になってしまいます。

ここで両肩を大きく上下させてみましょう。肩を回すのではなく、上下に動かすことに注意してください。胸を張った状態だと、スムーズに上下できないことがわかるでしょう。もっとも楽に肩を上下に動かせる位置を探せば、胸を張らない姿勢がわかります。

そのうえであらためて「氣のテスト」で姿勢を確認します。押し返したり、抵抗したりしなくてもバランスが取れていたらOKです。

3　息を静かに吐く（呼氣）

「あ」の形で口を開き、静かに息を吐きます（左ページ図①）。無理に吐き出したり、長く吐こうとしたりすると、力が入ってしまうので、楽に、静かに吐くことを心がけてください。目の前ではなく、もっと遠くの空間に向けて吐くようにイメージすると良いでしょう。このとき目は閉じても構いません。ただしギュッとつむったり、眉間にシワを寄せたりしないようにしてください。余分な力が入らないよう、目のあたりには力を入れずにそっと閉じます。

最初のうちは、息を吐くうちに、つい口をすぼめてしまうことがあります。しかし「あ」はもっとも息が出やすい口の形ですから、慣れるようにしてください。

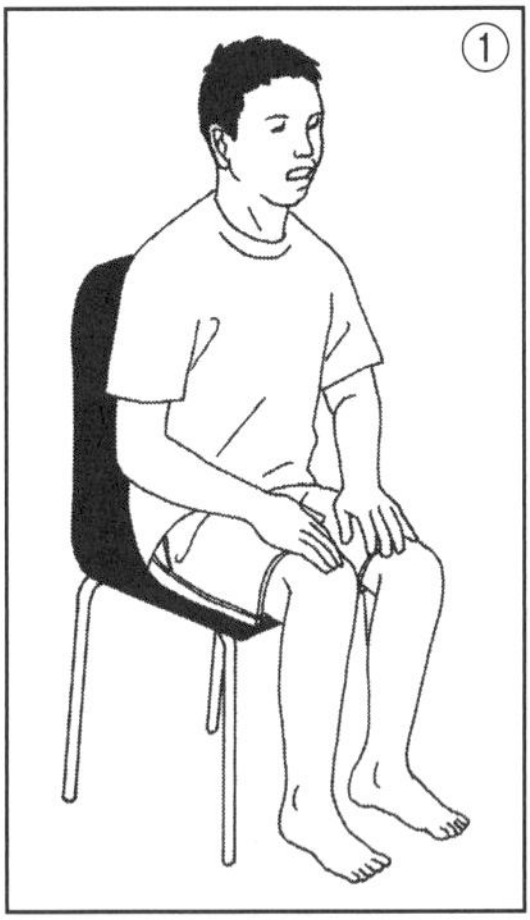

口は「あ」の形で、「ハァー」という静かな音で息を吐き始める。

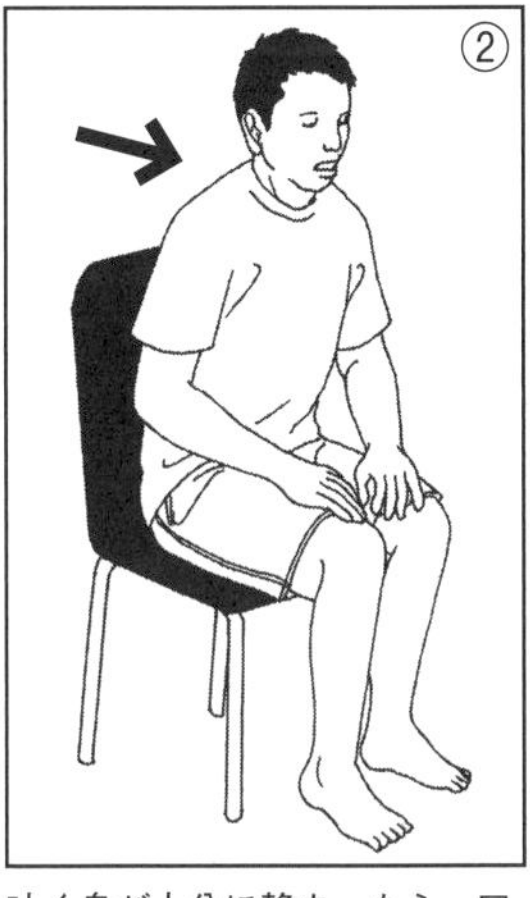

吐く息が十分に静まったら、口を開けたままわずかに上体が前傾する。

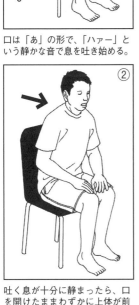

4　口を閉じる

十分に吐く息が静まったら（前ページ図②）、口を軽く閉じます。

吐き終わりに無理に息をしぼり出そうとすると、力みが生じてしまい、十分に吐くことができません。自然に吐くに任せ、吐く息が無限小に静まるまで放っておくのがポイントです。

途中で息が苦しくなるとしたら、息をコントロールしようとしているためです。吐くに任せることとです。それでも上手くいかないときは、姿勢の確認からやり直してみましょう。健康に問題のない方ならば、10秒以上は軽く吐くことができるようになるはずです。

ここまでを何度も訓練し、「吐くに任せ、吐く息が無限小に静まる」ようになったら、次の段階に進んでください。

5　息を吸う（吸氣）

鼻から静かに息を吸います（左ページ図③）。鼻先で花の香りをかぐようなイメージで、静かに、楽に、吸うようにしましょう。

ここでも、一氣に吸ったり、たくさん吸おうとする必要はありません。胸を意識するのも余分な力が入る原因になります。力まず、「吸うに任せる」感覚でおこなうことがポイントです。最初のうちは吸う息が、足先から、足、ひざ、腰、胸と順々に身体に満ちていくようにイメージすると良いでしょう。

吸う息も、吐くときと同様、徐々に無限小に静まっていきます。

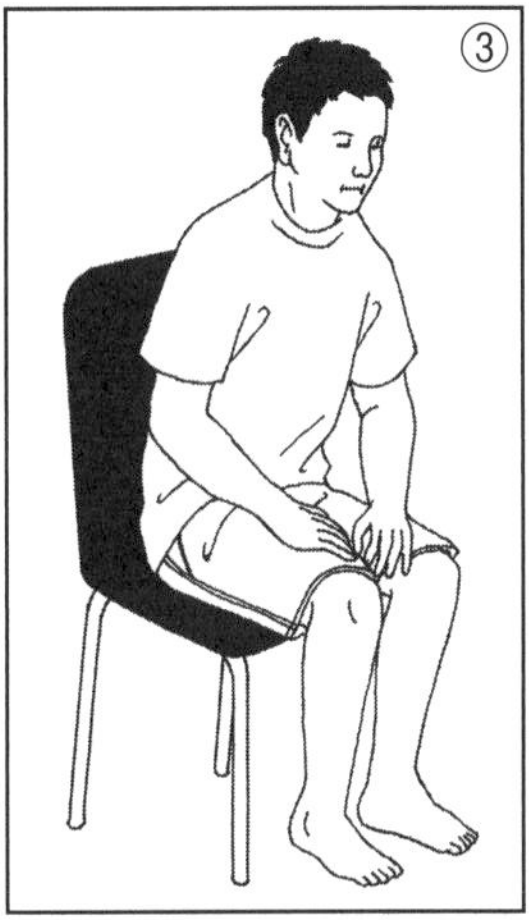

口を閉じ、鼻先から花の香りをかぐように息を吸い始める。

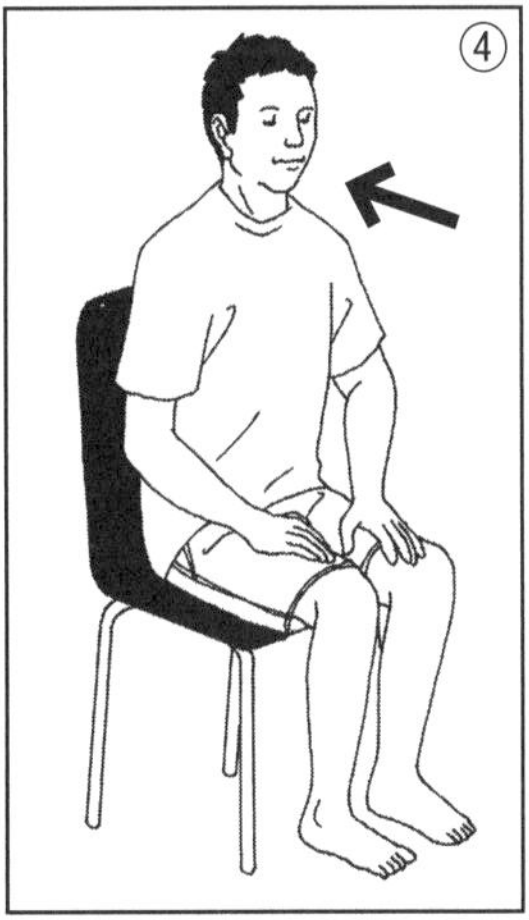

吸う息が十分に静まったら、上体を元の位置に戻す。

6　3から5を繰り返す

吸う息が十分に静まったら、3に戻り、再び息を吐きます。吐き終わったあとは、上体が少し前傾しますが、これは自然な動きです。吸う息が十分に静まるときには、元の姿勢に戻っています（前ページ図④）。

慣れないうちは、途中で苦しくなったり、効果が実感できないこともあるかと思います。それは、どこかの段階で不自然な力が入ってしまっているせいです。とくに、吸う息（吸氣）は力みが生じやすく、姿勢が乱れてしまいがちです。そうした場合は「氣のテスト」をおこない、最初からチャレンジしてみてください。

「氣の呼吸法」とは別の呼吸の訓練として、「息心《そくしん》の行《ぎょう》」というものがあります。

これは、持ち手のついた鈴を振りながら、ひと息で息を吐く神道由来の行《ぎょう》です。基本は1回1時間、日に何回かおこなうこともあります。初めておこなうとすぐに声が枯れて腕も上がらなくなりますが、余分な力を抜くことによって声は枯れなくなり、楽に鈴を振れるようになります。

もっとも特徴的なのは呼吸です。息を出し惜しみしていると、空氣が入ってこなくなり呼吸困難に陥ってしまいます。ところが全力で息を吐くと、自然に空氣が入ってきて、呼吸を続けることができるのです。冬の寒い日でも、この行をおこなっていると汗ばむくらい全身の循環が良くなります。

この「出せば入ってくる」という実感が、氣が通う状態を会得するのに適しているのです。頭で考えてもわからないことを、身体を通じて理解する。これがこの稽古の目的です。これによって氣力が養われます。

氣力は何事をおこなううえでも基本となるものですから、さまざまな分野の最前線で活躍されている方が心身統一合氣道を求めておられるのだと思います。

メジャーリーグのロサンゼルス・ドジャースはそのひとつです。

海を越えたアメリカで「氣」というものがどのように理解されたのか、第3章でお伝えします。

第3章

メジャーリーグが取り入れた氣のトレーニング

突然の電話

――ドジャースで氣を教える

それは突然の出来事でした。

野球評論家の広岡達朗さんからこんな電話をいただいたのです。

「アメリカ・メジャーリーグのロサンゼルス・ドジャースで指導してみませんか」

それまでにも、心身統一合氣道の土台である「氣」を学ぶアスリートは数多くおられました。わたし自身、アスリートへの指導経験は決して少なくありません。しかし、それは日本でのことです。海を渡ったアメリカという言葉・文化・宗教の異なる世界の、しかも、野球という完全に異なる分野で活躍している選手たちが「氣」を受け入れてくれるのか。正直、そこはかとない不安がよぎりました。

後日、ドジャースのエグゼクティブがわたしの指導を体験するために来日しました。

道場で2時間ほど指導をしたところ、

「これこそ、今のドジャースに必要なものです。ぜひトップ・プロスペクツ（若手最有望選手）にやらせてみたい」

そうおっしゃっていただきました。

日本のプロ野球で「氣」を選手育成に活用なさってきた広岡さんと、ドジャースとの付き合いは長く、このエグゼクティブと「いつかドジャースにも氣を導入したい」という夢を持っておられたのだそうです。わたしに電話をくださった前年には、ロサンゼルスまで広岡さんが自ら赴き、ドジャースのフロントにプレゼンテーションをして、氣のトレーニングの持つ価値をすでに伝えておられたのでした。

こうした経緯に加え、タイミングも重要な要素だったようです。

現在はオーナーが交代して状況は変わりましたが、当時のドジャースには、他球団からスター選手をたくさん獲得できるような資金はありませんでした。そうした環境下でチームを強化するためには、メジャーの下部組織であるマイナーリーグで、いわゆる「生え抜き選手」を育成しなければなりません。しかもメジャーリーグベースボール（MLB）には、生え抜きでメジャーリーガーになった選手は、一定期間、年俸の上昇を抑えられるルールがあります。球団側から見れば、彼らが順調に育ち、活躍してくれれば、何十億円もかけて他球団から選手を獲得しないで済むというわけです。ですから、生え抜き選手の育成は、球団経営にとって極めて重要な優先課題になっていました。

さらに、2009年ドジャー・スタジアムでおこなわれた第2回WBC（ワールド・ベースボール・クラシック）で日本が優勝していたことも影響していたようです。彼らは日本の野球に関心を寄せるようになっていました。

というわけで、わたしにとっては突然の出来事でも、実際にはすでにこれだけの状況が整っていたのでした。そして、広岡さんにとっては「20年来の夢」の実現だったのです。

野球は未経験　——技術ではなく心身のつかい方を伝える

それでもまだわたしの不安は拭いきれませんでした。野球はまったく未経験だったからです。もちろん、ドジャースに野球を教えに行くわけではありませんが、それでも、ほとんど知らないままでは具合が悪いでしょう。そこで、広岡さんにお願いし、大学野球の練習を見ながら、選手の見方を教えていただくことにしました。

「先生ね、あのピッチャーをどう思いますか」

グラウンドで、広岡さんがわたしに尋ねます。四球で走者こそ出していますが、7回まで無失点。点を与えていないので、一見すると良い投球をしているように見えました。

広岡さんはこう続けます。

「彼は腕だけで球を放っているでしょう。全身を上手《うま》くつかえていません。あんな無理なピッチングを続けていると、間もなく故障しますよ」

なるほどと思いました。全身を上手くつかえているかどうか、つまり臍下《せいか》の一点に基づいた動きになっているかということなら、野球の技術を知らないわたしにもよくわかります。大事なことは、選手自身が氣づいていない部分を、いかに実感が持てるように伝えられるかです。このようにして、選手の見方を教えていただきながら、ドジャースで自分がするべきことを学んでいきました。

なお後日談ですが、この試合に登板していたピッチャーは、広岡さんの見立て通り、間もなく怪我で悩むことになります。


不安が完全に払拭されたのは、広岡さんがこうおっしゃってくださったからです。

「キャンプにはわたしも同行します。技術的な部分はこちらで補いますから、先生はドジャースの連中にしっかり氣を教えてやってください」

わたしには、2008年の北京オリンピックの際に、ソフトボール女子日本代表チームから公式に依頼を受け指導した経験もありました。「ソフトボール」と「野球」、「日本」と「アメリカ」という違いはあれども、本当に大事なことは土台としてつながっていることを確信し、来たるドジャースの特別キャンプに備えることにしたのです。


そして、いよいよロサンゼルスに向けて出発する前日、広岡さんから電話がありました。出発時間の確認と思いきや、耳に飛び込んできたのは予想もしなかった言葉でした。

「ドジャースとちょっと行き違いがありましてね。今回、わたしは同行しないことになりました」

目の前が真っ暗になったような氣持ちで、成田国際空港に向かいました。出発ロビーから挨拶の電話をすると、広岡さんはこう声をかけてくださいました。

「先生なら必ずできますから、存分に力を発揮して来てください。日本にはこういう素晴らしい教えがあるということを、あいつらに示してやってください」

身に余る言葉を胸に、無言で飛行機に乗り込んだのです。

指導の前日　――指導者も特別扱いされない

最初に「氣のトレーニング」をおこなったのは、2010年1月の特別キャンプです。10日間の日程で、指導の対象となったのはマイナーリーグのトップ・プロスペクツでした。

このときまでわたしは知らなかったのですが、MLBにおけるマイナーリーグは「二軍」「三軍」というよりも、ドラフトで獲得した新人選手・若手選手の「教育機関」という位置づけになっていました。日本のプロ野球とは異なり、どれだけ優秀な新人でもいきなりメジャーリーグでつかうことはほとんどなく、必ずマイナーリーグで基礎教育をおこないます。トップ・プロスペクツというのは、そのマイナーリーグ所属選手のなかで、もっともメジャーリーガーになれる可能性の高い選手たちのことです。マイナーリーグ全体で約200名いるなかで、特別キャンプに招待された、そのわずか24名が指導対象でした。ひとりで24名を指導するのは時間的に難しいため、アメリカからベテラン指導者を1名、日本から若手指導者を1名同行させました。

ロサンゼルス国際空港には、ドジャースからエグゼクティブと通訳が迎えに来てくれていました。わたしは英語で指導する旨を伝えてあったので、不思議に思って聞くと、彼は「英語・スペイン語」の通訳でした。ドジャースにはドミニカ共和国をはじめ、スペイン語圏の選手が多くいます。彼らはアメリカに来てから英語を学び始めるのですが、たいていは数年のうちにマスターしてしまいます。しかしマイナーリーグには渡米してからまだ日が浅く、スペイン語しか話せない選手も少なくないのです。

翌日からのトレーニングに話が及び、エグゼクティブが当然のように口にした言葉に度胆を抜かれました。

「明日は、朝の練習前に選手を集めてあります。15分ほど確保してありますから、デモンストレーションをお願いします。翌日からは選手の自由参加です。選手が集まるようでしたら、予定通り10日間、氣のトレーニングをおこないます」

わたしは、思わず言葉を失いました。10日間のトレーニング期間が約束されているものと思い込んでいたからです。もし、選手が集まらなかったらどうなるのかと聞き返しました。

「その場合は、ロサンゼルスでゆっくり過ごしていただくことになります」

たしかにメジャーリーグを目指す選手たちにとって、この特別キャンプは生き残りをかけた真剣勝負の場です。結果を出さなければ、みな明日はありません。そう考えてみれば、わたしだけが無条件に10日間も機会を保証されるわけはないでしょう。日頃、自分がいかに恵まれた環境で指導していたかを思い知りました。

15分という限られた時間で、選手やコーチにどうやって氣のトレーニングの価値を伝えるか。考え始めると眠れなくなりそうでしたが、幸い、時差もあってすぐに熟睡し、運命の朝を迎えました。

指導の初日 ――15分で氣の価値を伝えられるか

氣のトレーニングは、ロサンゼルスにあるドジャー・スタジアムでおこなわれました。その場に集まった選手やコーチの表情はみな硬く強張っています。その顔からは「これから何をさせられるのか」という不安と、練習前の貴重な時間を奪われた不満が読み取れます。なかには「日本のマーシャル・アーツ（武道）の人間が何の用だ」と露骨に不快感を表す選手もいました。

冒頭で氣のトレーニングの目的を簡単に説明し、こう付け加えました。

「選手のみなさんがメジャーリーガーとなって活躍するためのサポートに来ました」

わたしの言葉のあと間髪いれず、ひとりの選手が尋ねました。

「どうやって?」

「例えば、氣を学ぶと立ち方が変わります。立ち方が変われば、バッティングもピッチングも変わります」

そう答えたあと、最初に「足先まで氣が通《かよ》うと姿勢は盤石になる」デモンストレーションに移りました。選手のなかからとくに力の強そうな2人を選び、わたしの両肩を持って真下につぶさせます。


まず見せたのは悪い例です。

身体に力みがあって、足先まで氣が通っていない状態で、両肩を下方向につぶす力が加われば、支えることはできません。このときデモンストレーションに参加した2人は、よほど自分の力に自信があったのでしょう。わたしをつぶして「そんなの当たり前だ」

といわんばかりの態度でした。

次に良い例を見せます。

身体に力みがなく、足先まで氣が通った状態で、同様に両肩をつぶさせるのですが、今度は盤石な姿勢で支えることができます。先ほどと同じ2人が顔を真っ赤にしながらつぶそうとし、最後は全体重をつかっていましたが、ビクともしません。周囲の選手たちから、冷やかす声がかかります。しかし、わたしがただ支えるだけではなく、屈伸し、足踏みをして、さらに前に歩いてみせると、その声は歓声に変わりました。

「今度は自分につぶさせてくれ！」

次から次へと選手がわたしのところにやってきます。全員の相手をしているうちに時間切れになりました。

「詳しいことは明日から指導します」

こうして初日のデモンストレーションは終えたのです。選手たちは不思議そうな顔をしながら、朝の練習に向かって行きました。

翌日の会場には、集合時間より15分も早く全選手が集まっていました。

「昨日の秘密を早く教えてくれ！」

意氣込む選手たちに「立つ」基本である「全身の力を完全に抜くことで足先まで氣が通う」ことを説明しました。驚いたのは、わたしの話していることの意味をひとたび理解すると、全選手がすぐに「立つ」ことができるようになったことです。さすがはトップ・プロスペクツでした。

「明日からも是非教えて欲しい」

選手たちから自主的にそう要望され、氣のトレーニングは予定通り、10日間おこなわれることになりました。

選手も真剣、監督・コーチも真剣

「学ぶ価値がある」と納得してからは、ドジャースの選手はみな真摯な態度で学ぶようになりました。

まずわたしがデモンストレーションをやって見せ、その意味と目的を説明し、選手が体得し、練習で野球に活かす。氣のトレーニングは、この繰り返しで続けられました。初日に15分だったトレーニング時間は、翌日から30分になり、最終的には45分になっていました。これは1日の練習スケジュールで確保できる最大限です。選手は最終日までひとりも欠けることはありませんでした。自分のバッティングフォームやピッチングフォームを見て欲しいと要望する選手も増えていきました。

ドジャースの指導現場において有り難かったのは、ひとたび学ぶ価値があるとわかると、人種や年齢、そして合氣道家であるかどうかすら関係なくなることです。日本で指導をしていると「先生はお若いようですが、おいくつですか」と質問されることが少なくありません。「若い＝未熟」という先入観があるのでしょう。当時30代だったわたしは、まずその偏見を払拭しなければいけませんでした。しかしドジャースではそういった偏見を感じることはまったくなく、思う存分、指導に集中することができたのです。

10日間にわたる氣のトレーニングを続けるうちに、選手以外にも思わぬ変化が表れました。最初は最後列でわたしの指導をただ見ているだけだった監督やコーチが、途中からは最前列に陣取り、率先してトレーニングに加わるようになったのです。彼らは「選手をより良く育成できるのなら、何でも吸収したい」と話していました。

日本のプロ野球では、現役時代に活躍した選手が、引退後すぐに一軍監督を務めることがあります。しかしメジャーリーグでは、こうした事例はあまりないそうです。メジャーリーグの監督になるには、まずマイナーリーグの指揮から始め、結果を残すことが求められます。現役時代の成績ではなく、監督としての実績を積み重ねることで、初めてメジャーリーグの監督に抜擢されるわけです。

コーチも同じで、まずはマイナーリーグで選手育成の実績を挙げなくてはいけません。その最終的な目標として、メジャーリーグのコーチがあるのです。そして、結果や実績が伴わなければ解雇されてしまいます。そういう意味では、監督やコーチが置かれている環境は、選手と何ら変わりません。だからこそ、彼らも、氣のトレーニングに選手と同じ姿勢で取り組んでいたのでしょう。

ロサンゼルス・ドジャースといえば、名監督といわれたトミー・ラソーダ氏が有名です。現役時代のラソーダ氏はメジャーリーグでは3シーズンしかプレーしておらず、ピッチャーとしての通算成績も0勝4敗とまったく振るいませんでした。しかし現役引退後にマイナーリーグから叩き上げでドジャースの監督となり、ドジャースの輝かしい歴史を築き上げたのです。そんな苦労人であるラソーダ氏ですが、1996年に監督を退いてからも、マイナーリーグのキャンプを頻繁に訪れ、若い選手を鼓舞しています。この特別キャンプにも来られていて、わたしも講演を聴くことができました。

ドジャースにおける氣のトレーニングが成功した最大の理由は、選手だけではなく、監督・コーチも真剣であったことだと思います。無事に10日間の日程を終えたわたしは、トップ・プロスペクツ全員のサインが入ったボールを贈呈され、帰国の途に就きました。

このときのホッとした氣持ちは、今も忘れることができません。

メジャーサイドを知る　――マニー・ラミレスの盤石な構え

特別キャンプでの成果が評価され、氣のトレーニングは、次の秋季キャンプでも継続されることになりました。

その直前の7月、アメリカ・コロラド州でおこなわれた全米講習会（アメリカ全土の指導者が集まる心身統一合氣道の講習会）の指導に合わせ、ロサンゼルスに立ち寄ってドジャー・スタジアムで試合を観戦することにしました。すると試合前に、エグゼクティブがドジャースの主力選手を紹介してくださったのです。

このとき、とくに印象に残ったのは、当時メジャーリーグ屈指のスラッガーだったマニー・ラミレス選手でした。氣のトレーニングの話を耳にしたラミレス選手が、バットをかついでこちらにやってきたのです。

「自分の姿勢を見て欲しい」

そういうと、その場でバットを構えてみせました。その姿勢は感動するほど盤石なも

のでした。そこで「臍下の一点に心を静める」ことを伝えると、深く頷《うなず》いて、
「自分は10代のころから、この感覚を持っていた」
と話し、「マイナーの連中は絶対に学ぶべきだ」と続けたのです。偉大な現役メジャーリーガーのこのひとことは、その後、多方面に影響を与えることになります。彼は、最後に「ドミニカの選手の面倒をよく見てやって欲しい」といい、自分の練習に戻って行きました。

ドミニカからアメリカに渡る選手は貧しい家庭の出身であることが多く、満足にグラブやバットを買えません。ラミレス選手は新品のグラブとバットを大量に準備してマイナーサイドにやって来ては、ドミニカの選手に無償で配っていたのです。素行に問題が多いとされていたラミレス選手ですが、こういった一面も持ち合わせていました。

また、日本人選手の黒田博樹投手も当時はドジャースに在籍し、氣のトレーニングに関心を持ってくださっていました。黒田投手の通訳が特別キャンプでわたしの手伝いをしてくださった縁で知ったようです。それで個人的に体験していただきました。

うれしい再会もありました。特別キャンプで指導したトップ・プロスペクツのひとりが、すでにメジャーリーガーになっていたのです。お互いの姿を見つけると駆け寄って、肩を叩き合いながら、まるで子どものように喜びを分かち合いました。

しかし、話を聞くと、現実は喜びばかりではないようでした。念願のメジャーリーガーになっても、結果を出し続けなければ、またマイナーリーグに戻ることになります。そうした選手は決して少なくありません。新たなプレッシャーを感じ、彼は悩んでいました。

「身体は疲れているのに、夜眠れない」

非常につらそうに、そうつぶやいていたのです。

長いシーズンにおいて、どうやったらコンスタントに結果を出し続けられるか。これもまたメジャーリーグの選手にとって非常に大きな課題であることを教えられました。

秋季キャンプでの挑戦

ドジャースの秋季キャンプはアリゾナ州・フェニックスでおこなわれます。温暖な地として知られており、「秋季」と付いてはいますが、キャンプ時の日中の氣温は連日40度を超えていました。

春に引き続き導入されることになった氣のトレーニングの指導対象は、プロスペクツ80名と大幅に増えていました。ドジャース傘下に所属するマイナー選手は200名ほどですから、全体の約4割の選手に関わることになったわけです。そして、マイナーの監督からは、前回のように練習前におこなうのではなく、通常練習に取り入れたいとも要望されました。選手の練習スケジュールは、その日の早朝に監督とコーチが相談し、立てています。例えば野手であれば、「打撃」「守備」「走塁」などの練習がローテーションで組まれるので、そのなかに「氣のトレーニング（Ki Training）」という時間が取り入れられることになったのです。さらに、選手の練習が終わったあと、それとは別に監督・コーチを対象とした氣のトレーニングもすることになりました。

今回は指導期間も延び、10日から一氣に5週間になりました。わたしは1週間しかスケジュールを確保できなかったので、残りの4週間は前回同行した若手指導者を現地に残すことにしました。このような状況だったので、このキャンプでようやく広岡さんにご同行いただけたのは幸いでした。

また広岡さんの強い勧めにより、わたしは空き時間を利用して、他の練習や試合をすべて見学しました。実際に現場を見ていると、たしかに各選手の課題を正確につかめます。

マイナーリーグとはいえ、キャンプに参加している選手たちはみな立派な体格をしていました。野手であれば身長1メートル90センチくらい、投手に至っては2メートルくらいあります。わたしの身長は1メートル70センチですから、まわりに彼らが集まると、わたしの姿は完全に埋もれてしまい、外から見ることはできなくなります。

指導対象であるプロスペクツの年齢は18歳から24歳くらいです。これまでの人生で野球だけを純粋に追い求めてきたのでしょう。年齢以上に幼く、一部の選手たちは子どものまま身体だけ大人になったような感じでした。長い時間を一緒に過ごして親しくなってくると、その巨大な身体でじゃれついてきます。突然抱きついたり、突進してきたり、建物のかげで待ち伏せをして驚かせたりと、まるで動物園の大きな熊が飼育員に甘えているようなものでした。飼育員としてはたまったものではありません。

このように指導対象が広がり、選手のレベルも幅広くなった秋季キャンプでしたが、氣のトレーニングは順調に進んでいきました。

まず、公式練習に氣のトレーニングが取り入れられたことは大きな前進でした。学んだことをすぐ、選手たちが実際の野球のプレーで体現できる環境になったからです。まだいずれも才能豊かな優秀な選手たちですから、初めて触れる「氣」も身体でよく理解してくれていました。

そして、何よりも監督・コーチ自らが取り組んだことが大きかったと思います。練習中の監督の口から、ごく当たり前のように「Keep One Point!（臍下の一点！）」と選手に声がかかるようになったのです。監督が氣のトレーニングの最大の理解者となったことで、２０１０年以降もこのトレーニングは継続されることになります。

「忍者」と呼ばれる

わたしが帰国したあとの4週間は、現地にひとり残した若手指導者が氣のトレーニングを担当しました。じつは当時、彼は英語が十分に話せず、指導経験もまだ少なかったのです。さぞ心細かったことでしょう。しかし「獅子は我が子を千尋《せんじん》の谷に落とす」の心境で現地に残しました。アリゾナの空港でわたしを見送ったときの彼の、何とも形容しがたい不安そうな表情は、今もはっきり覚えています。

その後の彼は、わたしの期待以上の結果を出してくれました。たったひとりでフェニックスに残った彼が最初にとった行動は、選手の顔と名前を覚えることだったそうです。そうすることで選手との信頼関係を構築し、わたしが1週間指導していたことを彼らに定着させるため、日々の練習で氣のトレーニングを継続しました。退路を断って、4週間、全身全霊で指導したことで成果が上がったのです。

そのなかで、面白い変化もあったようです。

キャンプ中、単身で現地にいた彼は合氣道の技の稽古をすることができませんでした。そこで、せめて感覚が鈍らないようにと、グラウンドの外側に張ってあった芝生のうえで、受身（前に回転する動き）の訓練を繰り返していたのです。この指導者にとっては当たり前のことだったのですが、身体のどこにも負担をかけることなくしなやかに回転し、グラウンドを何周もしているその姿を見て、ドジャースの選手はとても驚き、彼はいつしか「忍者」という愛称で呼ばれるようになったのでした。

その影響で、後日あらためて訪米したわたしは選手たちに「忍者マスター」と呼ばれる羽目になります。今でもわたしたちのことを「合氣道家」ではなく「忍者」と認識している選手さえいるようです。

こうして氣のトレーニングは翌2011年2月の春季キャンプでも継続されることになりました。

シーズン直前の2週間にわたるキャンプです。わたしは日本で外せない事情があったため、この指導者を派遣しました。このときは自信ができたのでしょう。半年前の空港で見せた顔とはうってかわり、嬉々としてアリゾナに出かけて行ったのです。

２０１１年、激動の年

――東日本大震災、先代の逝去

２０１１年は、みなさんご存知の通り、日本という国にとって激動の年でした。この年は、わたしにとっても忘れられない激動の年となります。

3月11日に東日本大震災が発生し、地震・津波・原発事故という未曾有の危機に日本は直面しました。わたしたちの本部施設や東北地方の道場も被災し、将来の見通しがまったく立たない状態に陥りました。

そうした時期に、心身統一合氣道の創始者である藤平光一が5月19日に91歳で天寿を全うしました。震災の影響がまだ拭い去れない時期であったにもかかわらず、築地本願寺でおこなった葬儀には世界中から１５００名にもおよぶ方々が参列してくださいました。先代の逝去により、わたしは心身統一合氣道を正式に継承しました。

わたしは2歳から心身統一合氣道の稽古を始めましたが、この道の継承者を目指すことを決めたのは、大学の卒業を間近に控えたころです。正直にいって、相当に悩みました。武道は、実力社会であり、完全縦社会です。自分が本当に継承者としてやっていけるかどうか不安だったのです。しかし、わたしは決断しました。

藤平光一の内弟子となったその日から、わたしたちの関係は「親子」から「師弟」に変わりました。藤平光一からは、こういわれたことを覚えています。

「この道は一方通行であり、後戻りはできないぞ」

もちろん覚悟のうえでしたが、そこから待っていた内弟子修行はじつに厳しいものでした。その後、紆余曲折を経て、無事に藤平光一から許しを得て「継承者」に指名されました。もし、わたしがその器でないときは藤平光一自ら「引導を渡す」と語っていたそうです。のちにそれが本氣だったとわかり、背筋がゾッとしたのを覚えています。

わたしにとって築地本願寺での葬儀は、「師弟」から「親子」にふと戻った日でもあったのです。

大震災と原発事故、さらに先代の逝去が重なった2011年。わたしは全米講習会の指導でラスベガスまで足を運んだにもかかわらず、ドジャースの秋季キャンプ地・フェニックスに立ち寄ることはかないませんでした。

ワン・オン・ワン　——エリート選手への個別指導

氣のトレーニングが再開されたのは、翌2012年の春季キャンプです。

久しぶりに現場に入ったわたしを待っていたのは、驚きでした。一昨年のキャンプで見かけた多くの選手、コーチ、トレーナーが姿を消していたからです。通訳さえも入れ替わっていました。マイナーリーグは結果が出なければ、すぐに解雇される厳しい世界です。そのキャンプ中にも、何度かロッカーに解雇通知が貼り出され、荷物をまとめる選手たちの姿を目にしました。

ただ、幸いにして、氣のトレーニングで関わりがあった大半は残っていました。姿の見えない人も解雇されたのではなく、他球団に移籍したようです。

先述の理由で「忍者マスター」と呼ばれるようになってしまったわたしは、その愛称のおかげもあったのか、以前よりも近しい距離でプロスペクツと交流できるようになりました。通常、彼らが自分の弱みを他人に見せることはあり得ません。たとえチームメイトでも、生き残りをかけたライバル同士だからです。しかし、信頼関係が深まったことで、自然に個人的な悩みを打ち明けられる機会が増えていきました。

選手たちが抱えている課題は多種多様でした。しかし、その多くは野球選手特有のものではなく、日本で働いているビジネスパーソンが抱えている課題と何ら変わらないものだったのです。

そこで監督に提案し、ワン・オン・ワンでの個人指導をおこなうことを決めました。

全員を対象にすることは時間的に難しいので、プロスペクツ80名のなかからとくに監督が期待している選手を選出し、本当に悩んでいることを相談できるようにしたのです。彼らの本音を聞けるようにするため、球団関係者は同席しないこととしました。ドジャースの大切な選手を、完全に預けていただくことになりますから、責任は重大です。選手ひとりあたり最長で15分とし、キャンプ期間中、毎日おこないました。

この「ワン・オン・ワン」には、2010年の特別キャンプで指導したディー・ゴードン選手やケンリー・ジャンセン選手も参加しました。彼らはすでにメジャーリーガーになっていたのですが、このためにマイナーのキャンプを訪れたのです。ひとたびメジャーリーガーとなった選手が、自分の意思でマイナーサイドに戻って来ることはあり得ません。指導を終えてからも、彼らはずっと氣のトレーニングを大事にしてくれていたのです。そのことを知り、うれしく思ったものです。

ちなみにディー・ゴードン選手は、2016年現在、俊足・巧打・攻守の二塁手として、マイアミ・マーリンズに在籍しています。2015年にはナショナル・リーグの首位打者・盗塁王となり、ゴールドグラブ賞も獲得しました。ケンリー・ジャンセン選手はドジャースの勝利に欠かせないメインの抑え投手として、活躍し続けています。２人はオールスターゲームにも選出されました。

こうして、たった15分間のデモンストレーションとして始まった「氣のトレーニング」は、「特別講習」から「通常練習」へ、そして「ワン・オン・ワン」へと進化していったのです。選手、監督、コーチ、スタッフ、そしてわたし自身も、まさに生き残りをかけて無我夢中で取り組んだ末に得た、大きな成果でした。

突然の終了、そして新たな挑戦
――ドジャースからパドレスへ

オーナーの変わったドジャースはここで変革期を迎えることになります。

わたしが指導し始めた当時のドジャースは、他球団から選手を「獲得」するのではなく、マイナーリーグから生え抜きを「育成」しなければいけない事情があり、それが経営方針でした。トップ・プロスペクツに氣のトレーニングを導入したのは、その一環だったのです。

しかし、新しいオーナーグループは「育成」よりも「獲得」に重きをおいているようでした。事実、大リーグ史上最高額でドジャースを買収したあと、潤沢な資金で他球団のスーパースターを獲得し、アメリカのマスコミからは「金満野球」と揶揄《やゆ》されていたのです。

ＭＬＢでは、オーナーが変われば、球団の体制はすべて変わります。エグゼクティブから、今後も氣のトレーニングを継続できるかはまったくわからないと聞かされました。

そして、エグゼクティブの発言通り、ドジャースはマイナーリーグでの選手の育成方針を大きく変更することが決まり、氣のトレーニングはその役目を終えることになりました。現場の監督やコーチは継続を熱望してくださったのですが、残念ながらその言葉も、経営陣を動かすまでには至らなかったようです。これらの監督と一部のコーチには、球団とは関係なく、個人的に指導をするようになりました。そのお付き合いは現在も続いています。

また、氣のトレーニングに熱心に取り組んでくれた若手選手からは、多くのメジャーリーガーが出ました。メジャーリーガーにはなれなかったものの、コーチとして成功をつかんだ選手もいます。

「氣のトレーニングで学んだことを活かしている」

という彼らの言葉を聞いて、本当にうれしく思いました。もちろんこれは選手自身の努力の結果ですが、氣のトレーニングを通じてそんな彼らのサポートができたことを心から誇りに思っています。

こうして、3年間で関わりを持ったすべての選手に思いを馳せながら、ドジャースでの氣のトレーニングを終えたのです。

そして2015年からは、新たにメジャーリーグのサンディエゴ・パドレスで氣のトレーニングが導入されることになりました。

また、新たな挑戦が始まっています。

第4章

メジャーリーガーたちは何を得たのか

選手たちの悩みとは

この章では、ドジャースにおける氣のトレーニング「ワン・オン・ワン」や、日々のコミュニケーションにおいて選手たちから相談を受け、一緒に解決した事例をケースごとに分けてご紹介します。

第3章でも書いたように、世界中から集まるプロスペクツ（若手有望選手）が持つ悩みは多種多様です。しかし、その多くは野球選手特有のものではなく、ビジネスパーソンをはじめとする、現在社会を生きるわたしたちにも共通するものでした。ですから、これらの事例には、日常生活のなかで氣を活かすヒントが多く含まれていると思います。

これらのケースには共通するひとつの視点があります。

それは、ドジャースでの3年間に及ぶ指導を通じて痛感したことでもありました。プロスペクツである彼らはいずれも並々ならぬ才能の持ち主でした。しかし野球の能力や技術が高いだけでは、長いシーズンを乗り切ることはできません。メジャーリーガーとして活躍するためには、調子の良いときはもちろんのこと、調子の悪いときでさえも、結果を出し続けることが求められるのです。

「調子の悪いときも結果を出す」

この表現には、違和感を覚える方がおられるかもしれません。いつでも高いパフォーマンスが発揮できるよう、コンディションを保つのもメジャーリーガーの仕事ではないか、と考える方もおられるでしょう。

もちろんコンディションを保つ努力はとても重要です。しかし、人間が日々を生きていくうえで、心と身体の両面において同じコンディションであり続けることはできません。コンディションがいつも同じであることを前提に物事をおこなうのは無理です。怪我や病氣といった特別な不調は除きますが、そうでないならば、日々コンディションが異なるのは当たり前と受け止め、そのうえで、どのような状態でもコンスタントに結果を残せるようにすることが重要なのです。

「調子の悪いときも、悪いときなりに乗り越える」

こういい換えても、良いでしょう。

プロスペクツは、身体のコンディションを整える方法についてはそれなりの知識を持っていました。例えば、食事に氣をつける、お酒に氣をつける、ストレッチをするといった方法です。その一方で、心のコンディションを整える方法についてはほとんど知りません。これは、トップアスリートに限らず、ビジネスパーソンなど日本で暮らす多くの方々にも共通することだと思います。

氣のトレーニングによってパフォーマンスが良くなったとしても、長いシーズンでそれを維持できなければ意味がありません。ドジャースのキャンプに参加した当初は「大事な場面でパフォーマンスを発揮する」ことを主体にしていましたが、次第に「長いシーズンにおいて調子の良いときも悪いときも結果を出す」ことにシフトしていったのです。

では、実際にあった相談を7つの項目に分けて紹介しましょう。

ケース① 眠れない

ケース② イライラする

ケース③　緊張しやすい
ケース④　集中できない
ケース⑤　怪我をしやすい
ケース⑥　疲れがとれない
ケース⑦　不安に陥る

いずれも、野球選手ではない方々にも共通して起こるものだと思います。また一時的な解決ではなく、長いシーズン、もしくは、長い人生において有効なものとなるように指導しました。読者のみなさまの生活にも活かしていただけたら幸いです。

ケース① 眠れない

これは、もっとも多く寄せられた悩みでした。

ひとことで「眠れない」といっても、状況や症状はさまざまです。

「寝付きが悪い」「眠りが浅く途中で起きてしまう」「十分な時間寝ているのに疲れがとれない」

こうしたことが起こる原因も、身体、心、生活習慣などいくつも考えられるでしょう。

ある選手は、大事な試合の前といった、プレッシャーがかかる場面になると寝付きが悪くなり、せっかく眠りに入っても、すぐに目が覚めてしまうと悩んでいました。夜のうちに十分な睡眠がとれず、日中に突然眠くなることもあったようです。医師にも相談したそうですが、持病があるわけではなく、プレッシャーのないときは比較的によく眠れるといいます。この選手に限らず、他にもプレッシャーが原因で眠れなくなっている選手が大勢いました。

対処法もさまざまです。

例えば寝付きが悪いときには、お酒を飲むという人がいます。酔うことで寝付きやすくはなるでしょうが、飲酒後の睡眠は浅いものになりがちです。また、これが常習化すると次第に量が増え、アルコール依存症になる可能性すらあります。そこまでは行かなくとも、お酒の量が増えれば、翌日身体は重くなり、プレーにも影響することは十分にありえるでしょう。結局、お酒では解決しない問題なのです。

また睡眠薬や睡眠導入剤という手段もあります。これらの薬は、不眠に苦しむ人の症状の軽減には役立ちますが、常用し続けることは好ましくありません。野球選手の場合も、薬の力で長いシーズンを乗り切ることは難しいようでした。

これらは、眠れない原因に直接向き合っていないといえます。

このようにプレッシャーによる不眠に悩んでいる選手たちにわたしが教えたのは、第2章でご紹介した「氣の呼吸法」です。夜眠る前におこなうよう、指導しました。

大事な試合の前夜など、プレッシャーを感じているときは、あれこれ考えごとをしてしまうものです。心が考えごとに向いているうちは、眠りにつくことが難しくなります。氣の呼吸法では、息を吐くとき、吐く息は最後に自然と静まっていきます。器に水を張ったときのことを思い浮かべてください。水面は最初のうちは波立っていますが、やがて静まっていきます。これと同じことだと考えればいいでしょう。吐く息は1/2、1/2、1/2……と無限小に静まっていきます。その静まっていく実感に心を向けるようにしてください。初めのうちは、あれこれと考えごとが心に浮かんできますが、放っておけば、それらも含めて無限小に静まっていきます。

また「何とかして寝なければ」と考えてしまうのも良くありません。「寝る」ことを目的にしていると、身体に力が入ってしまいます。氣の呼吸法をおこなうのは、この余分な力を抜き、「心が静まる」ようにする効果があります。

「いつかは必ず眠れるのだから」

そう思い、「寝なければいけない」という考えごとから心が離れると、眠りにつきやすくなります。

わたしが指導した選手たちは、氣の呼吸法をおこなうことで寝付きが良くなり、睡眠の質も改善したと話していました。それでも、ひどいプレッシャーのかかる場面では、寝付くまでに時間がかかることもあったようです。それでも「寝なければいけない」という考えごとから解放された結果、明け方まで眠れないということはなくなったと喜んでいました。

この話をどこかで聞きつけたのでしょう。後日、ドジャースの経営陣が、氣の呼吸法を学びにわたしのところにやって来たのです。選手だけではなく、ビジネスパーソンもまた「眠れない」ことに深く悩んでいることを知りました。

プレッシャーで眠れないときは、心を静めることによってよく眠れるようになります。ただし慢性的に眠れないという方は、病氣など他に原因がある可能性もあります。その場合は、まず医療機関や専門家に相談するようにしてください。

ケース② イライラする

自分の思い通りにならないとイライラしてしまう。

そんな悩みを抱えた選手がいました。

これは誰にでも同じように起こる感情でしょう。人によって感じ方や反応が異なるだけです。しかし、たしかにこの選手の場合は、周囲のちょっとした刺激に対して、過剰反応してしまうところがありました。彼は非常に優秀なピッチャーだったのですが、味方がエラーをしたり、自分の思い通りに試合が運ばなかったりすると、途端にイライラしてしまうのです。その結果、制球を乱して、自滅してしまうケースがよくありました。


エグゼクティブの勧めで、彼が登板する練習試合を観戦したときのことです。

途中までは非常に良いピッチングをしていたのですが、味方がエラーをした直後から制球が乱れ、結果的に大量失点してしまいました。ベンチに戻った彼は自分のグラブを壁に投げつけ、足元にある物を思い切り蹴飛ばし、目につくものすべてに悪態をついていました。チームメイトも、腫れ物に触るように接するしかないという有様です。

監督やコーチはそんな彼の態度を問題視していたようです。

「能力は高いものの、チームプレイに向かない」

そう評価されていました。これはメジャーリーガーとしては、致命的な烙印になりかねない性格です。彼が「ワン・オン・ワン」に来たのは、そんな時期だったのです。


実際に面と向かって話をすると、ベンチでの振る舞いとはまったく違う、非常に理性的で穏やかな青年だということがわかりました。彼はもともと粗暴なのではなく、何かのきっかけでスイッチが入ると、感情が爆発してしまうことがあるだけなのです。

詳しく聞くと、どうやら生まれ育った家庭環境に原因があるようでした。そして、感情の爆発を抑えられない自分を自覚し、何とかしたいと考えていたのです。

わたしは、自分自身がこれまで何度も、激情にかられて爆発してしまい、失敗してきたことを話しました。そして、呼吸を静める、とくに「ひと呼吸おく」ことを覚えてから、冷静に対処できるようになったと伝えました。すると、彼はとても関心を持ってくれたのです。

氣の呼吸法はまとまった時間おこなうことでより効果が発揮されますが、じつはたった1回息を吐くだけでも、驚くほどの効果があるのです。これを「ひと呼吸おく」と呼んでいます。

具体的には、外部から何らかの刺激があったとき、条件反射的に反応するのではなく、文字通り「ひと呼吸おいて」から反応するように訓練します。息を静かに吐き、吐き終わりが無限小に静まっていくのを感じ取るのは、通常の氣の呼吸法と同じです。たったこれだけのことで、刺激に対して過剰に反応せずに済むようになります。

イライラしがちな人に対して、周囲はよく「氣にするな」「無視しろ」といった言葉をかけてしまいます。しかし、そもそも「刺激に反応しない」のは無理でしょう。これは「感じるな」といっているのと同じで、感じることは止められません。感じたことに対して、どのように対処するかが重要なのです。

この選手は、にわかには信じがたいという顔をして帰っていきました。

次に彼が登板した練習試合を観にいくと、一生懸命、実践しているのがわかりました。味方の判断ミスによる失点があり、いつもの彼ならばベンチに戻って大暴れするところです。しかしドカッとベンチに座り、ひとり息を吐いています。その日はそこから崩れることなく投げ続け、予定回数を無事に投げ切ることができました。

試合後、チームメイトからは、

「大暴れしているときより、むしろ怖かった」

なんて冷やかされていましたが、みな彼の努力を認めているのが伝わってきました。

たったこれだけのことなのですが、本人にとっては「人生が変わるほど大きな教えだった」と後日、感謝されることになります。

ちなみに実際の試合では、観客席からひどい野次が飛ぶことも少なくありません。野球のプレーに関することならある程度我慢できるそうですが、家族や人種について口汚く罵られることもあるそうです。無視しようとすればするほど氣になるようで、カッとして観客席まで殴りにいってしまう選手もいるといいます。こうしたケースでも「ひと呼吸おく」訓練は役に立っているようです。

これは野球だけではなく、わたしたちの日常生活でも同じでしょう。周囲の刺激に対してすぐに反応してしまう人、過剰に反応しやすい人は、物事が上手《うま》く運ばなくなりがちです。良好な人間関係をつくることもできません。

彼と同じ悩みをお持ちの方は、「ひと呼吸おく」訓練を試してみてください。

ケース③　緊張しやすい

落ち着いて行動しているとき、わたしたちは下腹に心が静まっています。

正確にいえば、下腹のなかでも力のまったく入らない場所、その無限小の一点である「臍下《せいか》の一点」に心が静まります。それに対して、意識が頭のほうに来ると、氣が滞《とどこお》ります。

「怒る」ことを「頭に来る」、緊張することを「上がる」といいますが、これは、まさに意識が頭や上体に上がっていることを指しているのです。

その選手は大事な場面になると「上がる」癖がありました。
もともと非常に優秀なスラッガーで、練習試合ではいつも素晴らしい結果を残すのです。しかしシーズン本番、とくにチームの勝敗を左右するような大事な打席では、その実力をまったく発揮できません。本人にも「自分は緊張しやすい」という自覚があるようでした。

こういったケースでもっとも重要なのは、基準となる感覚を身につけることです。基準となる感覚とは、つまり「心が静まっている」状態に他なりません。この状態を身体で覚え、いつでも再現できるようにするのです。
臍下の一点に心が静まっている状態になると、姿勢は安定します。これに対して「上がる」、つまり上体に力みが生じると、氣が滞り、姿勢は不安定になってしまいます。

したがって、姿勢をチェックすることによって、臍下の一点に心が静まっているかどうかを確かめることができるのです。

この選手には「ワン・オン・ワン」の時間を利用して、毎日、基準となる感覚を確認し、練習や試合においてもその感覚を維持できるように訓練しました。最初は、基準となる状態がよくわからなかったようですが、徐々に体得したのでしょう。

「今日はできた」

「今日は上手くできなかった。もう一度基準の状態を確認したい」

こういった調子で、自分でも確認できるようになったのです。

本当に意識が上がっているときは、自分が「上がっている」ことに氣づきません。「上がっていた」ことに氣がつくのは、いつも、あとになってからです。ですから、じつは彼が「上がっていることがわかる」ようになっていること自体が、すでに落ち着いているといっていい状態なのです。

野球というスポーツには、攻守の交代や打順を待つ時間があります。ですから、その時間を利用すれば、臍下の一点を確認することが可能です。習慣になるまで何度も何度も繰り返した結果、この選手は「上がってしまって、どうしようもない」ということがなくなりました。

もちろんプレッシャーのかかる場面では緊張します。しかし、その緊張感も集中力となって活かせるようになったのです。

このように「臍下の一点」とは、常に意識しておくものではありません。

プレー中ずっと臍下の一点を意識していたら、何もできなくなってしまうでしょう。何事をおこなうときも、臍下の一点を確認してから始めることが重要ですが、あとは忘れていれば良いのです。

これは野球だけではなく、日常生活においても同じことです。

ケース④　集中できない

つかうべき対象に、心をしっかりつかえることを「集中」といいます。

つかうべきでない対象に、心をつかってしまうことを「散漫」といいます。

結果を残すためには、当然のことながら集中することが必要です。


2人の投手がいました。

ひとりは、打者が出塁すると、走者が氣になってしまい、ピッチングが乱れる癖がありました。結果として打たれ、失点してしまいます。コーチから「走者のことは氣にするな」と何度も注意を受けているのですが、それでも氣になってしまうようでした。

もうひとりは、立ち上がりのピッチングは見事なのですが、イニングを重ねると集中力が持続できなくなり、ミスが出てしまう投手でした。観客席からもそれは明らかで、ソワソワし始めるのがはっきりわかるほどです。もともと神経系の持病があるとのことで、処方薬を常用していました。

両者の問題をひとことでいえば、前者は「集中が乱される」こと、後者は「集中を持続できない」ことだといえるでしょう。一見異なる問題のように思えるかもしれませんが、その土台は共通しています。両選手ともに「集中」と「執着」を混同しているのです。

第1章でも触れた通り、氣が通《かよ》っているとき、わたしたちは心を自由自在につかうことができます。つまり、つかうべきことに心をつかえるのです。これが「集中」です。氣が滞ってしまうと、心はとらわれて自由につかえません。これが「執着」でした。執着の状態にあると、心が対象物にとらわれてしまい、心の切り替えが上手くできません。また、その状態は大変疲れやすく持続することもできません。

これを前提に、2人の投手のケースを見てみましょう。

「走者のことが氣になって散漫になる」という投手は、「執着」の状態にあるといえます。走者が氣になって打者に心をつかえなくなっているのです。

「集中を持続できない」投手は、「執着」の状態でプレーしているので疲れやすく、そのために持続できない状態に陥っているといえます。

この2人の選手には、まず、氣のテストや心身統一合氣道の基本的な動作を通じて、「集中した状態」と「執着した状態」の違いを身体で感じ取ってもらいました。そのうえで「集中した状態」を練習や試合で再現できるように訓練します。

どちらも「集中が乱れなくなってきた」と実感してもらえたようで、試合中の投球が乱れることも目に見えて少なくなったのです。

このように「集中」と「執着」の違いを知り、集中した状態を体得することは非常に大切です。

ただ「集中」と「執着」は似て非なるもので、じつに間違いやすいものでもあります。本当に実感し、身につけるまでにはそれなりの訓練が不可欠です。

ケース⑤　怪我をしやすい

せっかく活躍しているのに、ある日、突然の怪我で戦線離脱してしまう。選手にとっては最悪の結果だといえるでしょう。不運と呼ぶしかない場合も少なくありませんが、多くの選手と接しているうちに「怪我をしやすい選手」がいることに氣がつきました。

その選手は体格が良く、フィジカルがとても強い捕手でした。それにもかかわらず、ここ一番で怪我に泣かされ続けていたのです。2016年現在のメジャーリーグにはコリジョンルールが導入され、ホームベース上で走者と捕手が激突することが禁止されていますが、当時はまだこのようなルールはありません。

「また、激突で怪我をするかもしれない」

そういう不安を常に抱えながら、プレーするしかなかったのです。

怪我をしやすい原因はいくつもありますが、大きな要因は「身体の鍛え方」と「身体のつかい方」です。

まず、身体の鍛え方について解説しましょう。

人体はその構造上、ある部分を鍛えたことで、全体として弱くなることがあるのをご存知でしょうか。例えば筋力トレーニングをおこなって、ある部分だけを集中的に鍛えたとします。その後、鍛えた部分と、鍛えられていない部分が連動した動作をすると、弱い部分に負荷がかかり、かえって怪我をしやすくなるのです。全身をひとつに、つまり統一体で筋力トレーニングをおこなうことが重要です。

毎週欠かさず、心身統一合氣道の稽古に通う方々のなかに、総合格闘家、美濃輪育久（ミノワマン）さんがおられます。彼はそれまでスクワットで135キロのバーベルを1セット10回上げていましたが、臍下の一点を学び、全身をひとつにつかうことを会得してから4カ月で、190キロを上げるようになりました。これは専門家から見ると考えられないことだそうです。

この怪我をしやすい選手には、全身をひとつに鍛えることを指導しました。彼はさっそくその日の筋力トレーニングに取り入れ、それまでと同じ負荷をかけても、楽にできることを実感したそうです。その姿を見た他の選手も関心を持ち、それぞれトレーニングに取り入れるようになりました。

身体のつかい方で重要なのは「リラックス」です。

「リラックス」とは、身体の余分な力をすべて抜くことで、全身をひとつに用いて、強くなる状態を指します。似て非なるのは「虚脱状態」で、これは、必要な力まで抜けてしまって、弱くなる状態のことです。

力というものは、力んでいるところにかかります。つまり上体に力みがあると、上体に負荷がかかるわけです。全身のどこにも力みがなければ、全身で受け止めることができます。これがリラックスです。

この選手には、力んでいるときと、リラックスしているとき、すなわち身体を部分的につかっているときと、全身をひとつにしてつかっているときとで、どのくらい衝撃が違うかを実際に体験してもらいました。この感覚に基づき、練習で繰り返し訓練した結果、彼は次のシーズンで怪我なく活躍することができたのです。

ケース⑥　疲れがとれない

短い期間であれば問題なくても、長い期間だと大きな悩みになってしまうことがあります。

「疲れがとれない」という悩みは、まさにそれでしょう。

疲れがとれない原因のひとつに、ケース①「眠れない」があります。ここでご紹介したいのは、そうではなく、しっかり眠れているのに疲れがとれないというケースです。

これは、氣力の減退によるものです。

氣力とは、第2章で解説したように「氣が通う力」のことでした。

身体の疲れは休めば回復しますが、心の疲れは寝ただけではとれません。これは、氣が滞ってしまったことで、氣が通う力が弱ってしまっているからです。

みなさんご存知のように、アメリカという国は非常に広大です。マイナーリーグの選手はこの広い国土をおもにバスで、十数時間もかけて移動し続けています。こうした生活を続けていると、体力的にも削られますが、氣力まで削られてしまうのでしょう。

事実、マイナーリーグには、シーズン後半になると突然、調子を落とす選手が数多くいるようでした。しかし、メジャーリーガーとして認められるには、シーズンを通してコンスタントに結果を残すことが不可欠です。彼らにとって、どうしたら氣力を維持できるかは非常に重要な課題でした。

ここで大きな手助けとなるのが「Ki Meditation（氣の意志法）」です。氣の意志法は、大自然の性質に基づき、自然と一体になるように心をつかう瞑想であり、「無限小に静まる」「無限大に広がる」「常に変化し続ける」という3つの方法があります。

じつは先に触れた「氣の呼吸法」は氣の意志法のひとつです。ちなみに英語では「Ki Breathing」と呼んでいます。

ただ、人によってはこれを理解するのはなかなか難しい場合があるようです。例えば、西洋における科学的な見方では、観察者と対象を明確に分けています。だからこそ「客観的」に物事を見ることができます。

その一方で、東洋における物事の見方の根底にある「自然との一体」という概念では、観察者と対象という分け方をしていません。これは大きな違いです。

「対象として観察する」という見方と、「一体として感じ取る」という見方では、そのプロセスも得られるものも違うのは明白でしょう。

氣の意志法は、自然と一体となり氣が通うことを基本としたものです。そのとき先述の3つの方法が役に立つのです。


正直にいって、この氣の意志法については、限られた時間のなかですべての選手に十分に伝え切れたとはいえません。実際にやってみた選手たちは会得してくれたものの、何人かの選手は最後までよくわからなかったようです。これは指導する側の課題として残りました。

氣力を保つには、自然とのつながりを維持することが肝要なのです。

ケース⑦　不安に陥る

ある意味で、もっとも手強い課題だったのが、この悩みです。

前述しましたが、まず確認しておくべきなのは「恐怖」と「不安」の違いです。多くの人が混同しているようですが、「恐怖」は人間が生存するうえで、なくてはならない感情です。生命に危険が及んでいるとき、危害が及びそうときに感じるものが「恐怖」であり、これは実感を伴ったものです。

これに対して「不安」は、人間が頭のなかでつくり出した空想の感覚です。ですから、まだ起こっていないことに不安を感じたり、今持っているものを失うのではないかと不安を感じたりします。

不安から逃げる方法はなく、不安をつくり出している原因と向き合うほかはありません。

選手の多くは何らかの不安を抱えていました。

「失敗したらどうしよう」

「できなくなったらどうしよう」

「評価を失ったらどうしよう」

プレーの調子が良いときは、これらの不安は影を潜めています。しかし、少しでも調子が悪くなると、むくむくと現れ、悪循環に陥ります。

調子が落ちたことにより不安になる→不安が高まることで、さらに調子を落とす→さらに不安が増す。

この悪循環に一度ハマると、自分の力では元には戻れないと嘆息する選手も少なくありませんでした。


たしかに、この広大な大自然において、自分がたったひとりきりの存在だとしたら、心の安まる瞬間はないでしょう。しかし、実際には、わたしたちは自然の一部の存在であり、自然と常に氣が通っています。その実感を失ってしまい、「自分ひとりの存在」

と感じた瞬間に氣が滞り、実態のない不安に支配されるのです。

したがって、不安が生じているときは、前述の「氣の意志法」を取り入れることが有効です。天地自然とのつながりを実感し、氣を通わせることが、不安の解消の大きな手助けとなります。


わたしが指導していたなかに、こういったわたしの言葉をいつも感覚的にすっと理解できる選手がいました。ドミニカ共和国から来ていた選手でしたが、もともとお祖母さまに瞑想を教わっていたのだそうです。

「神を感じなさい。そして、今、自分がここにいることを神に感謝しなさい」

という祖母の教えを子どものころから聞き、毎日実践してきたのだそうです。そう語る彼は不安に支配されることはなく、シーズンを通して活躍していました。


自分の力だけを信じて、自分のなかだけで完結している選手は、長いシーズンのどこかで必ず、調子を落とします。そして不安の悪循環に陥ると、元に戻れなくなってしまうようです。他方で、このドミニカ出身の選手のように、信仰を通じて大自然を感じ取っている選手は、たとえ調子を落としても必ず元の状態に戻れます。

信仰もまた、不安を解消するうえで重要な働きをしていたことを教えられました。

さまざまな悩みに触れて

ドジャースでは他にもたくさんの悩みを聞きましたが、ここでは多くの選手が抱え、読者のみなさまにも応用できるような悩みを整理し、ご紹介しました。選手たちから受けた相談は、幸いにしていずれも最終的には解決することができました。しかし、そのプロセスは決して簡単ではありませんでした。わたし自身もこの指導を通じて、学び、成長させていただいたのだと思います。

結果的に最後となった２０１２年春季キャンプでは、チームのメンタルコーチの方とも話をする機会がありました。

このときの氣のトレーニングには、フィジカルトレーナーやメンタルコーチも参加し、積極的に学んでおられたのです。とくにこのメンタルコーチは優秀な方で、選手からの信頼も厚いようでした。

この方は、スポーツ心理学に基づいて、心のつかい方を指導し、これまで成果を残してこられたのだそうです。ただ、心理学は「心」のことだけを扱う学問です。しかし、心の状態は、身体の状態にもっとダイナミックな影響を与えているはずで、その関係を学ぶために「氣のトレーニング」に参加したのだとおっしゃっていました。

実際に氣のトレーニングを学び、心の状態が身体の状態にいかに大きな影響を与えているかを体験したこのコーチは、こんな印象的な表現をしてくれたのです。

「心理学が車のハンドルだとしたら、氣のトレーニングはタイヤに動力を伝える役割を果たしてくれると思う。双方があって初めて機能する」

この見解には、わたしも大いに合点が行きました。

3年かけて積み重ねてきたドジャースでの氣のトレーニングがなくなったことは極めて残念でしたが、パドレスで一からやり直しています。パドレスもまた、生え抜きの選手を育成しなければなりませんから、責任は重大ですが、とてもやり甲斐を感じています。

ドジャースで氣のトレーニングを学んだ選手の多くはメジャーリーガーとなり、現在さまざまな球団で活躍しています。監督・コーチも同様です。氣の理解者である彼らが、いずれ他の球団で指導する日が来るかもしれません。

一般的に、知識を増やすこと、技能を磨くことについての訓練は盛んです。しかし「大事な場面で持っている力を発揮する」訓練はほとんどされていないと思います。それでは、せっかく身につけた知識や技能も役に立たないのではないでしょうか。

3年間にわたる氣のトレーニングを通じ、わたしたちが今、必要としている最大の課題は「大事な場面でいかに力を発揮できるか」なのだと確信しました。

第5章　特別対談

広岡達朗×藤平信一

広岡達朗

ひろおか・たつろう

野球評論家

1932年広島県生まれ。呉三津田高校より早稲田大学へ進学。野球部に入部し1年生からレギュラーで活躍。1954年読売巨人軍に入団。大型遊撃手として、セ・リーグ新人王。1966年退団し、広島カープのコーチを経て、1978年ヤクルト監督としてプロ野球日本一。1982年西武ライオンズ監督で再び日本一、1978年に次いで二度目の正力松太郎賞受賞。翌1983年も連続日本一。1992年野球殿堂入り。

野球と氣の出会い

藤平　エーシー興梠《こおろぎ》さん（MLBサンディエゴ・パドレス環太平洋業務顧問）にお聞きしたのですが、広岡さんは、今から20年以上前、まだエーシーさんがドジャースにおられたころから、メジャーリーグのトレーニングに「氣」を導入する構想をお持ちだったそうですね。

広岡　そうです。最初はなかなかわかってもらえなかったですけどね。

藤平　メジャーリーガーの練習に氣を取り入れるという発想は、どこから生じたのでしょう。

広岡　わたしは現役時代から、先代の藤平光一先生に教わって勉強していたから、「氣」がいかに重要かは知っていたんですよ。メジャーの下部組織には、身体能力の優れた若手がたくさんいますしね。でも、いろいろな国から集まってきているので、言葉や習慣はバラバラ。指導が行き届かずに才能を開花させられない選手も多い。そんな彼らに氣を教えたらもっと上手《うま》くなるだろうなと思ったんです。

藤平　どうして現役のプロ野球選手だった広岡さんが、合氣道に目を向けられたのですか？

広岡　壁にぶつかった、というのがありますね。早稲田大学から巨人に入団した初年度は3割を超えたんですが、それ以降打率が下がってしまったんです。そこに、新田恭一さん（注＝昭和初期に現役として活躍し、戦後のプロ野球では指導者としてさまざまなチームでコーチ、監督を務めた。日本で初めて野球技術を理論化した人物として知られる。またゴルファーとしても第一線で活躍した）というものすごい理論家がコーチに来られた。下半身を重視したダウンスイングで「新田理論」と呼ばれていたんです。話を聞いて「すごい！」と思って取り組んだんですが、これが全然できないんですよ（笑）。

藤平　理論としては正しいので納得しても、実際にはできないということなのでしょうか。

広岡　そうなんです。新田さんの打撃理論は、半世紀経った現在でも通用する素晴らしいもので、決して間違っていなかったと思っています。でもできない。頭でわかるだけなんです。さらに、心の問題もありました。プロ野球選手を続けていると誰でも壁にぶつかる。それが続くと氣力が萎えてしまうんですね。そういう悩みを感じていたときに、知人の紹介で中村天風さんの会に参加するようになり、心というものに興味を持ちました。そのことを知った早稲田の先輩である荒川博さんが合氣道に誘ってくださり、「すごい人がいるんだ」と藤平光一先生を紹介してくれたんです。

藤平　最初の印象はいかがでしたか？

広岡　もともと疑《うたぐ》り深いものですから、はじめは「あんなにひょいひょい交わしながら弟子を次々投げるなんて、八百長じゃないか」なんて疑っていたんです（笑）。最初の三日ぐらいは、後ろに座ってじっと見ているだけでした。先代の著書『氣の威力』（幻冬舎）に「疑り深い広岡は最初信用しなかった」と書いてありますが、あれは本当なんですよ。でも間近で見た先生の技には本当に迫力がある。多人数掛けも何度も見せてもらいましたが、本当にどんどん投げられていく。それでようやく「これは本物だ」と確信したんです。そこから早朝稽古に通うようになりました。当時の内弟子の人たちも、こちらがプロ野球選手だからといって手加減などしてくれません。遠慮なしに投げてくるから、こっちも本氣になって稽古したもんです。

藤平　稽古を通じて「氣」の重要性に氣づかれたのですね。

広岡　ええ、氣はすべての基本だということを知りました。ただ残念ながら選手として打撃はあまり向上しなかったんです。最後まで「カッコよくやろう」「上手いこと打ってやろう」という欲が抜けなかったのでしょうね。しかし、指導者になってから、このときの経験は活かせるようになったと思います。それまでの野球理論には「臍下《せいか》の一点」や「重みを下におく」という基本が抜けていた。だから「実際にどうしたらいいか」を教えられないんです。氣を教えれば、これを実践することができる。引退後のわたしにとって、これは非常に大きな財産になりました。

藤平　そのご経験が、わたしをドジャースに紹介していただくことにつながったのですね。

"世界のホームラン王"誕生の秘密

藤平　先ほどお名前の出た荒川博さんは、その後巨人の打撃コーチになり、王貞治さんも先代のところに連れて来られています。

広岡　早稲田実業で甲子園優勝投手だった王は、期待されて入団したんですが、最初は全然打てなかったんです。打撃の神様、川さん(川上哲治)が直接指導してもダメだった。それでわたしが荒川さんを打撃コーチに推薦したんです。大毎オリオンズ（現・千葉ロッテ）のOBだったんですが、非常に真面目で熱心だし、合氣道も知っている。現役時代に、後輩の榎本喜八に打撃指導をして「安打製造機」と呼ばれる中心選手に成長させていた。それで川さんも納得してくれて、打撃コーチに就任することになったんです。

藤平　榎本さんも荒川さんの紹介で、先代のところに熱心に通われていたそうです。

広岡　王も最初は普通のバッターと同じように二本足で立って構えていたんです。藤平光一先生は「ボールはベースの上を必ず通るんだから、それを待っていればいいじゃないか」とおっしゃるんですが、どうしても力んでしまって余分な動きが入るんです。そうしたらね、先生が「二本足でも一本足でも一緒じゃないか」といったんです。
藤平　たしかに「臍下の一点」で立てば、一本足でも二本足でも同じように安定します。一本足で立つのは不安定だというのは臍下の一点を知らないからですね。
広岡　そうなんです。王以外にも一本足で構える打者は何人かいますが、どれも王の一本足打法とは別物です。あのフォームは反動をつけるためのものではなく、力を抜いた「静」の姿勢なんです。
藤平　王さんご自身も、あのフォームは一瞬の「静止」が重要だとおっしゃっていましたね。「打とう」という氣持ちを持ちつつも、心が静まった状態になっている。だから一点でボールを捉えることができるのですね。
広岡　有名な話ですが、一本足で構えた王は横から押しても、引いても、まったくグラつかないんです。その状態でボールが来るのを待つ。来たら、打つ。これは自然体の「静止」であって「停止」ではありません。停止していたら打てません。
藤平　そうなのですね。
広岡　王はその後もスランプになると、バットを持って藤平光一先生に、構えやスイングを見てもらっていたそうです。道場で何度もスイングして「今のは良し！」「それはダメ！」と教えてもらう。そのあと球場に行くと荒川さんが「今夜は打ちますよ」といっている。そして実際に打つんですよ。面白いのは、野球は素人のはずなのに、先生には違いがわかることなんです（笑）。

藤平　本当にそうですね（笑）。先代からは「バットを振る音で見極めている」と聞いています。王さんもやがて「この音なら調子が良い」とご自身でもわかるようになったそうです。

広岡　音でみるというのは、非常に合理的なんです。肩の位置だったり、足の運びといった断片的な情報ではなく、全体の結果としてみることができますから。先生は常に「氣」という視点から適切な指導をなさっていたんですね。

藤平　王さんは現役を終えるまで道場に通い続けたそうですね。

広岡　ですから、王の一歩足打法は先代のおかげなんですよ。もちろん、荒川さんの熱意と、王自身の努力があってのことです。周囲に何をいわれても、王は荒川博というコーチを信じて、徹底的に練習した。だから育ったんです。ですから、王自身は「自分ではできたけど他の選手にこの打法を教えるのは難しい」といっています。

人は〝必ず〟育つという信念

藤平　今「教える」という言葉が出ましたが、広岡さんは常々「指導者が正しい方法を学び、それを根氣強く教え、導けば、人は必ず育つ」とおっしゃっています。

広岡　そうですね。それがわたしの信念です。

藤平　広岡さんは蘭を育てておられるそうですが、人を育てることに通じるところがあるのでしょうか？

広岡　本当に良い蘭はなかなか育ちません。例えば異なる地域の蘭であれば、新しい生育環境に慣れるまで時間がかかります。芽を出し、きれいな花が咲くまでに何年もかかります。焦っては上手くいきません。

藤平　どうやってそのタイミングを見極めるのですか？

広岡　そういうものだと思って辛抱強く育てるしかありません。野球も一緒ですよ。コーチがいくら適切な指導をして、選手が理解しても、結果はすぐ出るものではありません。数カ月でも足りない。何年もかかるんです。何年間も、毎日毎日うるさいほど指導して、ようやく良い花が開く。良い選手ほどそういうものだと思います。

藤平　教えて、すぐに咲かせたいというのは教える側の「欲」なのですね。

広岡　そうですね、わたしはそれをコーチ時代に学びました。例えば、広島で指導した苑田（聡彦。外野手から内野手にコンバートされ、堅守と打撃で1975年のカープ初優勝に貢献。引退後はスカウトとして活躍）は内野の守備を身につけるまでに1年半かかったんです。ヤクルトでコーチ、監督をしたときのショート水谷（新太郎。守備の名手として1978年のヤクルト初優勝、日本一に貢献。引退後はコーチ、スカウトに転身して活躍）はものになるまで3年かかりました。

藤平　いずれも名選手ですが、そこに至るまでには時間をかけた教育があったんですね。

広岡　水谷には「リラックスした、不動の姿勢で構えろ」と教えたんですが、どうしてもできなかった。それで逆に「思い切り緊張してみろ」「もっとカチカチになれ、もっとだ！」とやらせたら、緊張の果ての瞬間、フッと力が抜けてリラックス状態になったんです。「それでいい！」と。人はそれぞれ違いますから、指導方法も相手に合わせて変えないといけない。時間もかかる。でも、この経験は本当に勉強になりました。

藤平 人は育つ、ということを現場で確信されたわけですね。

広岡 この経験があったから良かったんだと思います。もちろん、しつこく教えるのには根氣が必要です。でもね、教える側のコーチが命がけでやれば、文句は出ませんよ。コーチにその覚悟がないのなら、監督がコーチにしつこくいわなくちゃいけない。監督はコーチを伸ばして、コーチが選手を伸ばしてやろうとしなくちゃ育成はできないんです。

即戦力にも4、5年はかけるメジャーリーグの育成

藤平 ドジャースのキャンプに参加するまで知らなかったのですが、向こうのマイナー

リーグは基本的に育成機関なのですね。わたしは日本のプロ野球でいう二軍、三軍のようなものだと思っていたので、非常に驚きました。少なくとも当時のドジャースでは、どんなに優秀でも、高校や大学を出たばかりの若手をいきなりメジャーリーグでつかうことはありません。まずは育成する。

広岡　そうですね。

藤平　例えば2010年のドラフト1位で獲得した新人投手がいました。彼は契約金だけで5億円ですから、日本なら「即戦力」と期待するところですね。それでもドジャースはすぐにはメジャーで使わず「メジャーに上がるまで4、5年はかかるだろう」といいます。メジャーリーガーとしてやっていくための基礎教育には、最短でもその程度の時間はかかるという感覚なのでしょうか。

広岡　理にかなっていると思いますね。そういう環境が用意されているからこそ、選手は野球に命をかけられる。アメリカでは、野球チームを持っている企業やオーナーは非常に尊敬されるんです。チームを強くしようと思ったら、お金だけじゃなく、時間もかかる。何年もかけて育てていくものなんです。つまり、それだけ責任を負っているからこそ、とても名誉なことだとされている。これに対して、日本の球団や親会社は、そういう意識が低いと思いますね。「ドラフト1位の選手を早くつかえ」とオーナーが監督にいってきたりするんですから（笑）。

藤平　これも、すぐ咲かせたいという欲なのですね（笑）。

広岡　毎年「優勝を目指せ」なんて無理ですよ。スーパースターや外国人選手に頼るだけになってしまう。

藤平　すでに咲いている花を集めるという安易なやり方になってしまうのですね。人を育てない文化は、つかい捨てにしているようなものですね。

広岡　そうかもしれません。家電製品も最近はほとんど修理せず、新しいものに取り替えるのが当たり前になりました。数年経っただけで「部品はもうない」といわれてしまう。わたしたちの世代は買ったものにこだわるから「ケチ」っていわれてしまう（笑）。

藤平　人材においては本当にもったいない話です。ドジャースでは、その育成期間に、野球技術はもちろん、ボランティアを通じた地域とのつながり、マスコミ対応、お金のつかい方、ドラッグに関する知識などを選手たちに学ばせていました。その一方で、メジャーリーグでは選手の移籍が非常に活発ですね。昨日のチームメイトが明日は敵になっているなんてことも日常的に起こります。それにもかかわらず、若手はしっかり育てている。「才能ある選手は大切な資産である」という考え方が根付いているからだと感じました。

広岡　そうですね。さらにいえば、ドラフト3位くらいまでに指名した選手が活躍するかは、獲得したGM（ゼネラルマネジャー）の責任だと彼らは考えるんですよ。もしダメだったら、GMでもクビになってしまいます。

藤平　なるほど。たしかにGMが直接キャンプに来て「この選手は重点的に育ててくれ」と何度も声をかけられました。GMは戦力になる選手を用意するのが仕事で、監督はその与えられた選手をつかって勝利を勝ち取るのが仕事ですから、その責任が明確になっているわけですね。

広岡　日本はその区別がまだ曖昧《あいまい》です。だから、人を育てるための体制がなかなか整備されないんです。

藤平　ドジャースの傘下には、ひとり野球未経験の選手もいました。ドミニカ出身の選手で、掛け値なしに手の大きさがわたしの倍くらいあるのです。既製のバットが細過ぎて握れないので、テープを巻いて太くしていました。「どうなるかまったくわからない」という未知数な選手ですが、ホームランを打つと球場2つぶん飛ぶのだそうです（笑）。日本ではありえない話ですよね。アメリカは懐が深いなと感じました。

広岡　向こうはひとつのチームの傘下に200名以上の選手がいますからね。その中でもトップ・プロスペクツ（若手最有望選手）が持っている才能は、日本のプロ野球の最前線で活躍する選手に引けを取りません。

メジャーリーガーと氣

藤平　そうした背景があって、ドジャースは「氣」をトレーニングに取り入れたわけですね。直接のきっかけになったのは、彼らのキャンプを見に行った広岡さんが、大柄の育成トップを呼吸動作（注＝互いに静坐した状態で、自分の手首を力いっぱい握らせる。

臍下の一点に心を静め、そこから動くと、力むことなく相手を投げることができる。合氣道の基本動作のひとつ）で投げたことだそうですね（笑）。

広岡　わたし自身がそうだったように、合氣道のことは実際にやってみせたほうが伝わるだろうと思ったんです。でも、ものすごい力でしたね。つかまれた手首にアザが残るくらい（笑）。でも、コロンと投げましたよ。

藤平　たしかに、身体については相当鍛え上げた選手ばかりですから、「力ではない何か」があることを伝えるのにはもっとも良い方法だと思います。それで「なんだこれは」とみんなが騒然となって、「氣」に関心を持つきっかけになったと聞いています。

広岡　先生が実際に指導してみてどうでしたか？

藤平　個人差はありますが、氣を教えると、まず、身体のつかい方が変わります。より自然に、バランスよく動けるようになる。持っている力を発揮しやすくなります。当初は半信半疑だった選手もいました。例えば、今ドジャースのクローザーを務めているケンリー・ジャンセン選手。広岡さんは「彼は良い」とずっといっておられましたが、最初はなかなかいうことを聞いてくれなかったんです。でも、学んでいくなかで熱心に耳を傾けてくれるようになりました。現在ではドジャースの主力選手です。マーリンズに移籍したディー・ゴードン選手（遊撃手）もとても熱心でしたね。

広岡　彼は首位打者を獲得しましたね。

藤平　はい。とくに多くの選手に喜ばれたのは氣の呼吸法です。大切な試合前になると、緊張したり、興奮したりして眠れなくなる選手が多い。カッカして意識が頭や上体に上がってしまうのですね。その対策として、臍下の一点に心を静めて、スッと眠れるように呼吸を静めることを教えました。これは、心身ともに疲れが溜まるシーズン後半とくに役立ったそうです。

広岡　呼吸法は本当に大切ですね。

藤平　はい。身体の疲れは寝ればだいたいはとれますが、心の疲れは睡眠だけではとれませんからね。氣の呼吸法で氣を補給しなくてはいけません。

伸びる選手はどこが違う?

藤平　ドジャースでご一緒させていただいたときに驚いたのですが、「この選手はモノになる」と広岡さんはすぐに見抜かれますね。選手のどのあたりをご覧になっているんですか?

広岡　先生だったら、見ればだいたいわかるでしょう(笑)。

藤平　とんでもないです(笑)。はじめ、わたしにはまったくわかりませんでした。あらためて教えていただけませんか?

広岡　いちばんわかりやすいのは、人の話を聞いているときや練習の態度ですね。失敗したとき、まわりに言い訳をする選手はダメです。

藤平　プレー以前に、人間そのものを見ておられるのですね。

広岡　そうです。空振りひとつで激しいくらい悔しがる選手は伸びます。コーチのいうことに「はい!」「わかりました!」と返事だけ良いタイプも長続きしない。少なくとも野球の場合、むしろ少し不器用で、コツコツ続ける人がモノになりますね。

藤平　たしかにドジャースで指導していても、最初は反発していた選手のほうがその後、熱心になりました。

広岡　西武で指揮を執っていたとき、ルーキーイヤーに3割打った石毛（宏典）に「お前、それでよく新人王が獲れたな」といったことを覚えてますよ（笑）。

藤平　石毛さん本人からお聞きしましたが、相当ムッとしたそうですね（笑）。

広岡　不満そうな顔をしていましたけど、1年目の結果だけで満足して欲しくなかったからあえて挑発したんです。それから、彼のライバルにあたる選手の長所を指摘して丁寧に指導したら、自分から熱心に練習するようになりました。人の言葉を簡単には信じない、というのも大事なのかもしれないですね。

藤平　先代のところに来られたばかりの広岡さんが、まさにそうだったんですよね（笑）。

広岡　ははは（笑）。

藤平　たしかに、すぐわかったような顔をするのは危ないですね。

広岡　そういう小器用なタイプはその場でできても、明日にはまた元に戻ってしまう。明日も明後日も、ずっとできるようになるまで練習しなくちゃいけません。

藤平　いうことを聞く選手、聞かない選手の導き方を分けておられるということですか。

広岡　人によって違いますからね。まず傾向を見極めることです。いうことを聞き過ぎる選手は学びが浅い。長続きしないから、何度も注意しなくちゃいけません。反抗する選手は、一度信用したらやってくれるんです。だから最初が肝心。

藤平　合氣道でいう入身《いりみ》ですね。相手の懐に入っていく氣持ちがないとできないことだと感じます。

広岡　そうですね。選手に「こうしろ」と命じる以上は、こちらにも責任がありますから、必死でやります。その氣持ちが通じれば、相手も耳を傾けてくれますよ。

藤平　指導する側の真剣味に反応して、氣を通わせているんですね。石毛さんも「広岡さんにいわれるんじゃ、しょうがない」とおっしゃっていました。信頼関係があるからこそですね。

広岡　教える側がきちんと責任を背負っていれば、そういう関係が築けるんです。もちろん、時間がかかる選手もいますし、残念ながら、最後まで結果が出ないケースもあります。わたしは3年間徹底的にやってダメなら、「プロ野球には向いていない」といえると考えていました。中途半端にやっていたら、そんなことはいえません。クビにしたあと、お互いに悔いやしこりが残るでしょう。だから、教える側も教えられる側も死ぬ氣で取り組まなくちゃいけないんです。

教育者を教育するメジャーの仕組み

藤平　お話をお聞きしていると、「1年で結果を出したい」という感覚は、人材育成において、やはり性急過ぎるのではないかと感じます。

広岡　そう思います。球団やオーナー企業といった組織の体質を変えるのは時間がかかりますが、監督やコーチの意識はもっと変わるべきです。日本の野球には、教育者を育てる場がないんですよ。名選手がそのまま監督になっているでしょう。

藤平　その点、メジャーは違うわけですね。監督やコーチ、トレーナーは、現役時代、プレーヤーとしてはあまり成功していない方がむしろ多いそうですね。

広岡　メジャーで活躍したスター選手はよほどのことがなければ監督、コーチにはならないですからね。選手時代に年俸は十分過ぎるほどもらっているし、彼らには年金もある。むしろ現役時代に苦労した選手が、指導者として頑張る仕組みになっているんです。

藤平　先ほどのお話でいえば、必死に練習しても「向いていない」といわれて解雇されてしまった選手が、サポートする立場であらためて野球に関わるチャンスを求めていくのですね。そうであれば、現役時代の練習も無駄にならない。勉強しようという氣にもなれますね。

広岡　そうなんです。スーパースターになるような選手は死にものぐるいで現役生活を全うし、しっかり稼いで、引退後はゆっくり過ごす。そうではなかった消化不良の選手が指導者として再び上を目指して「教える」ということを勉強する。ドジャースの監督だったラソーダはマイナーの監督、メジャーのコーチを経てから、ドジャースで20年以上も指揮を執りました。

藤平　ラソーダさんは日本でもよく知られていますが、選手としては目立った活躍はしていないと知って驚きました。一線を退かれた今でも、マイナーのキャンプに来ては「君たちには未来がある！」と選手たちに活を入れておられます。あの熱心さには本当に頭が下がります。

広岡　ラソーダは「今のＭＬＢの指導は手を抜いている」といっています。

藤平　そうなのですか。選手だけでなく、監督やコーチもマイナーの下のほうから経験と実績を積み上げていく仕組みになっているのですね。

広岡　これに対して日本のプロ野球は、ただ、現役時代さえ良ければいいという構造になっています。引退後のことや、指導者の育成という視点が欠けているんです。監督やコーチを目指す人が勉強する場をつくればいいんです。日本プロ野球ＯＢクラブ（正式名称＝公益社団法人全国野球振興会）という１７００名以上の元選手が登録する組織があるんですから、例えばこれを充実させる。歴代の名選手の言葉には「そうだったのか」という氣づきがたくさんあるんですよ。それを互いに勉強する場をつくるだけでずいぶん変わると思います。

教育のベースとなるのは正しい知識

藤平　指導者が正しく教育をするには、正しい方法、知識を持っていないといけませんね？

広岡　そうですね。プロは「結果がすべて」といわれますが、選手にとっては、どういう理由でその結果になったのかが重要です。そして、良い結果を出すにはどういう技術を身につければいいのか、その習得には何をすればいいのか、つまり「こうすればこうなる」を教えられなくてはいけません。でもテレビの解説者も〝HOW TO SAY〟ばかりで〝HOW TO DO〟を語れない。結果を解説したり、分析したりはできても、どうしたらそうなるかを知らないんです。

藤平　肩が下がってる、身体が開いてるという結果を指摘するだけではなくて、どうすればそうならないのかを知っていないといけないんですね。もっと基本的な原理、原則を知っていないとそれはできないということでしょうか。

広岡　そうなんです。わたしの場合は、不思議なくらい良い先生に恵まれたおかげで、そうした知識を持つことができました。藤平光一先生、中村天風先生、居合抜きの羽賀準一先生といった方々に学んだことが大きいですね。

藤平　ヤクルト、西武で指揮を執っておられたとき、選手の食事や生活態度にも指導を加える広岡さんの方針は「管理野球」と呼ばれましたね。でもあれは「教育」だったんですね。

広岡　そうなんですよ。当時はいろいろいわれましたけどね（笑）。今はそれが欠如しているんじゃないかと感じます。例えば体重を重くし、筋力を増やせば、パワーが出るという考え方がありますが、わたしはもっとバランスをとるべきだと思う。専門家の先生に学んで、腸の働きの大切さ、よく噛むことで唾液が身体に良い効果をもたらすということも教えてもらいました。現役引退後もそうやって勉強しながら、取り入れていたんです。

藤平　食べ物も含めて、良い選手になるために必要なことはすべて教えるということですね。腸が大事というのも、つい最近でこそ腸内細菌が脚光を浴びるようになりましたが、当時から注目されていたんですね。

広岡　食べるのも、眠るのも、明日自分が活躍するエネルギーをつくるためですから、氣を配るのは当然なんですよ。西武の監督時代、田淵（幸一）が移籍してきました。彼は阪神で「ミスタータイガース」と呼ばれたスーパースターでしたから「ホームファンさえ打てば、それ以外は好きにしていいだろう」という態度だったんです。

それで田淵にいったんです。「現役時代はそれでいいかもしれないが、いずれは監督、コーチになるだろう。そのとき人に教えられるものを持っているのか？　練習の意味すらわからないで指導するなんて恥ずかしいと思わないか？」。彼は素直ですから、すぐ「そうですね」と納得してくれました。そこから熱心に練習し、30代後半まで活躍し続けたんです。

藤平　福岡ソフトバンクホークスの現監督の工藤公康さんは、広岡さんのことをよくお話しになりますね。西武の広岡監督の下で学んだ、食事や肩のケアについての考え方が現在も役に立っていると聞きます。

広岡　ご存知のように、昔は「肩は絶対に冷やしてはいけない」といわれていました。ところがメジャーリーグの影響で、登板後に肩を氷で冷やすアイシングが広まったでしょう。素早くクールダウンできるからだというんですが、わたしはこれに数十年来反対していたんです。フル回転で加熱したクルマのエンジンをいきなり氷漬けにしたら、あっという間に壊れてしまう。だから、たとえ登板直後でも氷は冷やし過ぎになるといったんです。時間がかかっても、水で冷やすほうがいいといい続けてきました。そうしたら近年、ドジャースでも流水をつかって冷やす方法に切り替えたそうです。これから日本のプロ野球界も、また変わっていくと思います。

理にかなった動きは氣が通っている

藤平　技術についてはいかがですか？　例えば、ソフトバンクで現在調整中の松坂大輔投手は「いずれ肩を壊す」と、広岡さんは全盛期のころからおっしゃっておられましたね。

広岡　それは理にかなっていない投げ方をしていたからです。阪神の藤浪（晋太郎）投手も、インハイにボールが行かないように不自然で窮屈なフォームになっている。きちんと教えれば直るのに、もったいない。

藤平　守備についてはいかがですか？

広岡　昔は天然芝ですから、「イレギュラーを捕れるようになって一人前」という感覚が普通でした。イレギュラーのほとんどない人工芝が導入されたとき、アメリカの評論家や記者は「選手の技量が落ちるのではないか」と指摘していたんです。現在では正面で捕るより、バックハンドのほうが速いし、楽だというやり方が広がるようになりましたね。でもこれは守備範囲が狭いからいえることだと思います。

藤平　ドジャー・スタジアムは天然芝ですから、打球はさまざまな方向にイレギュラーする。でも臍下の一点できちんと構えていれば、ちゃんと反応できるわけですね？

広岡　そうそう。ボールを捕る基本は、入身なんですよ。待っていたら捕れない。臍下の一点に静めて構え、勇氣を持って入っていけば、いちいち考えなくても捕れるんです。ところが人工芝の球場に慣れてしまうと、ある程度バウンドの予測がつきますから、ただ構えるだけで対処できる。イレギュラーに備える感覚は身につきにくいでしょうね。そういったこともあって、最近は天然芝の良さが見直されるようになっています。

藤平　ところで現役時代の広岡さんは守備の名手といわれた遊撃手でしたが、その感覚はどうやって身につけられたんですか。

広岡　わたしが巨人に入ったとき、ファーストの川さん（川上哲治）は「この範囲に投げないとオレは捕らない」というんですよ。打撃の神様といわれた名選手ですが、守備はそんな調子だったんです。エースの別所（毅彦）さんも、わたしがエラーすると「あんなヘタクソがいたら投げられん。代えろ」という。腹が立ちますよね。でもそこで腐らずに、上手くならないといけないと氣持ちを切り替えられたのは、ブレイザー（1950〜1960年代にMLBで活躍した名二塁手。南海ホークスで現役を終え、その後は日本球界でコーチ、監督を歴任した）の練習を見たからです。

藤平　それが転機になったんですね。

広岡　ええ。1959年にカージナルスが来日したときにブレイザーの練習を見たんです。彼は、基本的な構え、動作を繰り返し、繰り返し、やっていました。最初はなぜこんな初歩的なことをやるんだろうと思ったんですが、ずっと見ているうちに、ひとつひとつの動きを丁寧に繰り返すことの大切さに氣づいたんです。その後、彼の練習を真似してみたら、驚くほど捕れるようになりました。派手さはありません。でも堅実で自然な守備なんです。

藤平　それまで苦労なさってきたからこそ、氣づけたのですね。

広岡　そうでしょうね。それ以前にもメジャーで守備に定評のある名選手のプレーはいくつも見たんですが、参考になりませんでした。でも、ブレイザーの真似をしているうちに「こうやれば失敗することはない」と自信を持てるようになったんです。構えにしても、臍下の一点に静めていれば、〝さあいらっしゃい〟という感じで対処できる。打球が速くても遅くても、どこに転がっても問題ない。これはどうしてできるのか、自分でも説明できないですね。

藤平　氣が通っているから、無意識にやれるんですね。

広岡　そうだと思います。自然にサッとボールのそばに行くと、グローブの中に入っちゃうという感覚ですね。

藤平　2012年に福岡ソフトバンクホークスのキャンプに指導に行った際、同じく西武時代の広岡さんの教え子である秋山幸二さん（前監督）は、バッターやピッチャーにも入身の感覚が必要だとおっしゃっていました。例えば打撃では、その感覚が身についていれば、身体を開かずに打つことができると教えていました。ただ、選手にはあまりピンとこなかったようです（笑）。

広岡　秋山には居合抜きをさせたことがあります。彼はスライダーが苦手だったので、その打開策として、藁《わら》を切らせたんです。少し教えたら、すぐにまっすぐ切れるようになりましたよ。そうしたら打撃も良くなった。構えるだけで違う。もうわかるんですよ。

厳しさ、痛みはなぜ必要なのか

藤平　練習や稽古における厳しさについてはどのようにお考えでしょうか？

広岡　例えば、スランプに陥った選手がいるとしましょう。そういう選手には、たいてい何か「欲」があるんです。格好良くプレーしようとか、きれいに打とうとか、そういう欲です。一度スランプになると、選手はなかなか脱却できません。

スランプを解決する方法は、バッターであれば特打ちであり、野手であれば千本ノックの守備練習のようなハードな練習の繰り返ししかないんです。

藤平　実際に千本もノックを受けるんですか。

広岡　厳密に数えてはやりませんが、選手が心底へとへとになり、何も考えられない状態になるまで徹底的にやる。そうすると、自然に手が出るようになるんです。格好良く見せようなどという邪念が一掃され、自然な身体のつかい方が身につく。そしていつの間にか、選手はスランプを脱出しているというわけです。

かつてはピッチャーライナーを捕球する練習も、投手と打者の間隔をだんだん近づけながらやっていました。すると、最後はほとんど無意識で、反射的に捕れるようになる。ところが今は違う。そうすることでケガは減っても捕球技術は上達しにくくなるのです。

尾花（高夫）がヤクルトに入ってきたとき、「殺すんなら殺せ！」とノッカーに叫びながらやっていたのを思い出しますよ（笑）。でもパッパッと反応良く捕っていましたね。

藤平　それは「練る」ということですね。考えるより先に身体が動く。無意識にできるようになるまで練っているからこそ、できるようになる。

広岡　そうです。今もこうした練習はしますが、身体中に防具をつけて、グローブの下には手袋をはめています。ケガはしづらくなりますが、安全になったぶんだけ、本当に危険なときに「ケガをしないように当たる」「ギリギリで避ける」ということが学べない。痛みがないから、当たり方が身につかないと思います。

藤平　時代の流れもあるので難しい問題ですね。

広岡　今はボールが当たっただけで、トレーナーが飛んでいく時代です。でも彼らがやっているのは、冷却スプレーで患部を冷やして、一時的に痛みを和らげているだけですよ。V9時代の巨人が強かった理由のひとつには、伝説の整骨師といわれた吉田（増蔵）先生の存在があります。先生はその場しのぎの対症療法でなく、捻挫や骨折も最短で戻れるように治療してくださった。捻挫は1週間、骨折でも2週間くらいで出場OKが出るんです。「まだ痛みがあるんですが……」というと「捻挫は痛いのが当たり前。大丈夫だ」といわれました。実際、少々我慢すれば、動けるんですよ。

藤平　まさに、原因と対処法を知っているからこそできる治療ですね。

広岡　そう思います。これは単なる精神論じゃないんです。吉田先生は自分で診られない症状は、すぐに他の名医を紹介してくださいました。ああいう先生はなかなかおられないと思いますね。

藤平　スーパースターたちの身体を預かるという重大な責任をきちんと背負っておられたんですね。あと、「最近の選手は走り込みが足りない」ともおっしゃってましたね。

広岡　昔は走り込みがとても重要視されていました。わたしたちは下半身をまずつくってから、上ができていくのが自然だと教わりました。巨人軍では「足が地面に着いたと思ったらパッパッパッと動けるようになれ」と常にいわれたものです。下があって上があるんです。上から下にはできない。

一度、大井競馬場のダートコースを走ったことがあるんです。砂場ですから、普通はスムーズに走れません。ところが、足が着いた瞬間に動く走り方にすると、スイスイ走ることができたんです。

藤平　下からというのは合氣道にも通じますね。

広岡　最近は、ボールを足で踏んで捻挫する選手がいるでしょう。若いんだから、踏んだと思った瞬間に足がパッと動くのが当たり前だと思うんです。ズルッとコケるまでそのままにしているのは、足を鍛えていない証拠だと情けなく感じます。

藤平　基本的な身体の強さが足りないいんですね。学生に合氣道を指導していて、基礎訓練の段階で疲労骨折をするケースがあることに氣づきました。鍛えるために最低限必要な身体の強さがないいんです。ですから、まず走り込みから始めています。そういう時代なんですね。

広岡　プロ野球の世界では、専門のトレーナーが付くようになりました。しかし、それだけケアをしているはずなのに故障者が多い。これは鍛え方が間違っているからではないかと思います。実際、走り込みのようなきついトレーニングをしないコーチが人氣なのだそうです。

藤平　先日、大学の講義を受講している学生たちに肩車をさせたら、半数近くが立ち上がれませんでした。

広岡　まあ、そういう時代なのかもしれませんが、やはり、これ以上そういう方向に進まないようにしたい。わたしは野球人ですから、野球というスポーツを通じて、そのことを伝えていきたいのです。

藤平　わたしも心身統一合氣道を通じて伝えていきたいと思います。

広岡　川さん（川上哲治）、別所（毅彦）さんには、現役時代さんざんいじめられたものですが、今になると本当に懐かしいですよ。当時は「いつ、どこで殺してやろうか」と思ってましたよ（笑）。でも、いつか見返してやるぞと必死にやったことが、勉強になった。振り返ると、お世話になったんだなあとつくづく思います。

藤平　現在とは対極のやり方ですね。コーチは選手をおだてて、聞こえの良いことをいう指導をしてしまいがちと聞きます。

広岡　そうですね。メジャーリーグなら、結果が出なければＧＭがコーチを降格させたり、解任させたりしますから責任が明確なんです。だからコーチも必死にやる。日本はその点は甘い。

藤平　やはり教える側も責任を持つ、持たせるところからなのですね。

覚えたことを忘れさせる、言葉にできないことを教える

藤平　近年は、バッティングやピッチングのフォームを科学的に分析するといったこともおこなわれています。しかし、「身体の動きばかり分析してもあまり役には立たない」と広岡さんはおっしゃいますね。

広岡　分析するのは良いし、教えるのも良いんです。でも、基本はとてもシンプルな一連の動作なんだということを忘れてはいけない。例えばバントは芯を外せば良い。バッティングは両サイドに打とうとせず、ピッチャーの方向に返せば良い。落合（博満）は自分の著書に「自分は流し打ちをしていない」と書いています。「センターに打ち返すつもりで打つと、右中間に行く」といっています。それであれだけの成績を残したんです。

藤平　筋が通っているわけですね。

広岡　実際にはこれがなかなかできないから、分析したり、教えたりするんですね。でも「こうしなくちゃいけない」「肩が下がってはいけない」なんてイチイチ考えて確認していたら、打撃、投球、守備、走塁、何ひとつ実践することはできません。武道も野

球も、判断して動くのは一瞬です。ですから、教えられたことを忘れないといけない。考えないのがいちばん。「考えず、来た球を打て！」なんですよ。

藤平　非常によくわかります。身体の動きにばかり氣をとられると、氣は滞《とどこお》ってしまいます。

広岡　理論を完璧に理解すればできるのなら、東京六大学でいえば、いちばん頭のいい東大野球部が最強チームになるはずでしょう（笑）。でもそんなことはない。だから「わかりました！」のあとに、練習があるんです。そこで、理解したことを忘れ、考えずにできるようにしなくちゃいけない。

藤平　わたしも理系大学出身だったので、理屈が先に立ってしまうところがありました。そんな状態で先代の洗礼を受けたのです。先代の内弟子になった直後は道場での稽古はほとんどなく、外作業ばかりやらされました。先代の生家である代官屋敷の周囲で、落ち葉かき、雪かき、穴掘りといった地味な仕事を、毎日結構な時間続けました。内弟子になって合氣道の稽古量は増えると予想していたのに、まさか逆に減ってしまった。でも、これが非常に大事なことだったんです。

広岡　ほお。

藤平　これだけ作業が多いと、身体のどこかが痛くなったりするのです。それは不自然な身体のつかい方をしているからに他なりません。外作業の目的は「道場で理屈をこねる前に、日常的に自然な身体のつかい方ができるようにしておけ」ということだったのです。

広岡　あと、どうせやるなら、楽しく氣を出してやればいいんですよ（笑）。

藤平　先代から「作業は楽しいか」と聞かれて返答に困っていたときに、同じことをいわれました（笑）。

広岡　楽しくやればいいんです。そうすれば身体が覚えます。

藤平　春になると山でモウソウダケを掘ります。先代は作業が終わったあとにやってきて、採れたタケノコの形を確認していました。それで「まだお前は力みが抜けていない」というんですね。満足なタケノコが採れるようになるまで年月がかかりました。最終的に「だいぶマシになってきたようだから道場に来い」といわれたんです。

広岡　なるほどねえ。そういう理屈では教えられない部分はたくさんありますね。わたしは「洗心《せんしん》の行《ぎょう》」に3回ほど参加しましたが、そこでもじつに多くのことを学んだと思っています。

藤平　正月の禊《みそぎ》として、真冬の鬼怒川に入る行ですね。

広岡　早朝でしたから、旅館の部屋も寒くて、朝起きると畳に霜柱が立っていました。先代の藤平光一先生が先頭を切って「入れー！」という掛け声をかけると、みんながザブザブ川に入っていくんです。「イエイ！」「イエイ！」といわなくちゃいけないんですが、歯がガチガチ鳴って口が開かないから「ヌエイ！」になっちゃう（笑）。

藤平　昨今はマイナス4～5度くらいですが、当時はマイナス10度くらいまで下がっていたのではないですか。

広岡　そうですよ。非常に寒かったんですが、1年目は緊張していましたから、何とかこなすことができたんです。「そういうことか！」と早合点したのがいけなかったのでしょう。2年目はナメてかかったせいか、寒いの何のって、大変な思いをしました（笑）。3年目はこれまでの経験があったので、冷たかったけれどどうにかなったんです。面白いものです。

藤平　私も7歳から続けていますが、慣れることはまったくありません（笑）。

広岡　川から上がってタオルで水を拭き取るんですけど、水分がすぐ凍ってカチカチになるから痛いんですよ。下にでも置こうものなら、地面の砂利も凍ってひっついてきます。

藤平　臍下の一点に心を静めて入ると不思議と大丈夫なのです。もちろん寒くは感じるのですが、耐えられないという事態にはなりません。

広岡　洗心の行に参加したあとで、中村天風先生に「水に入って何か得なことはあったかね」といわれたんです。「寒いだけですよ」と答えたら、インドで水行をした経験のある先生は「上半身を水の外に出すと寒い。思い切って肩まで入れば大丈夫だろう」とおっしゃった。ホントにその通りで、腹を決めて「エイ！」とやることで乗り越えられるものがあるという経験をしたんだなと氣づきました。

藤平　腹が決まらない人は、グズグズしてしまって肩まで浸かることができないから、かえってつらいのですね。心を臍下の一点に静めて、全身を浸けると克服できる。そこから上がるともう寒くなくなります。

広岡　御神酒《おみき》をいただくときでさえ寒くて震えていました。でも、誰も風邪をひかないんです。人間はすごい。やればできる。でも、楽をすればどんどん弱くなる。そういうことを体感することができました。
また、今の人は目に見えるものばかりを信用して生きているような氣がするけれど、目に見えないものにこそ、大事なものがあると最近つくづく思うんです。「目に見えないものを信じよう」という姿勢が非常に大事な氣がしますね。

教えることは学ぶこと、そして未来の教育につながる

藤平　広岡さんのお話をお伺いしていると、山本五十六翁の「やってみせ　言って聞かせて　させてみせ　誉めてやらねば　人は動かじ」という言葉を思い出します。
広岡　人はそれぞれ違いますから、一律にはいきません。指導者がそれを見抜いて、正しく指導する必要があります。しかも、その結果がどうなるかは指導者の責任です。

野球の世界では時代によっていろいろな理論が生まれて、もて囃《はや》されていますが、理論では勝てません。練習を重ね、身体で覚えるまでやって、はじめて理論が活きるんです。簡単ではありませんし、責任も重いです。

藤平　正しい方法を示し、長い時間をかけて訓練させ、待つんですね。

広岡　ときどき母校の早稲田大学野球部に行くんですが、アマチュア選手のプレーを眺めるのは勉強になります。「ここがわからないのか！」と氣づくことが多いんです。プロでは当たり前だと思っている部分が重要だったりする。それがまた勉強になるんです。残念ながら、野球の世界ではプロとアマに垣根があるのであまり関われないのですが、もっと本格的に指導できたらと思いますね。

藤平　先代もよく「ひとことといえばわかる人間ばかり教えていたら、勉強にならん」といっていました。物わかりの悪い弟子を導いてこそ、こちらも成長できるんだと。

広岡　先生には弟子がたくさんいましたからね。

藤平　練り方の問題なのですね。いろいろな方がおられましたが、残った方々が今の心身統一合氣道の礎になってくださっています。とはいえ、先代の育てた方々ばかりに頼っているわけにはいきませんから、わたし自身も弟子を育て、成長しなければならないと思っています。根氣強く取り組んでいます。

広岡　わたしたちは藤平光一先生に熱心に教えてもらったから、その感覚が身についています。でもこの年になって思うことは、常に学び続けないといけないんだなということ。死ぬまでやらないとダメです。

藤平　広岡さんの話を伺っていて、「人を育てる」ことと「学ぶ」ことはつながっていると深く感じました。広岡さんのように人を育てる意欲のある方は、自身も熱心に勉強なさいます。人を育てようという意欲が、そうさせるのですね。そして、そういう指導を受けて育った人は、自分自身が指導者になったときに同じように熱心に導くようになる。広岡さんが教えられた秋山さんや工藤さんといった方々もそうですよね。ソフトバンクのキャンプでも、毎日、氣になった選手を当時監督だった秋山さんが時間外の特打ちに連れ出して、1、2時間付きっきりで見ておられたのが非常に印象的でした。

広岡　わたしは野球においても「臍下の一点」が主体であればそれで良いのだろうと考えているんです。打撃フォームの途中で足を上げようと上げまいと、大事なのは「臍下の一点」を保てるかどうかでしょう。心身統一合氣道には、この感覚を実践するための「HOW TO DO」が備わっています。理論だけではなく、誰でもできるような具体的なプロセスを持っている点が素晴らしいと思うんです。

藤平　ありがとうございます。氣はあらゆる場面に活用できるものだと考えております。ドジャースに取り入れていただき、さらにその確信が強まりました。

広岡　日本の野球も、これから10年かけて良い方向に進んでいけばと思っています。心身統一合氣道の教える「臍下の一点」は、多くのスポーツに応用できる、いちばんわかりやすい実践方法です。わたしもまだまだ伝えたいことがたくさんありますから、これからも機会がある限り声をあげ続けます。先生も、より一層のご活躍を期待していますよ。

藤平　はい、精進してまいります。本日はありがとうございます。

あとがき

この本を出版した目的は3つあります。

ひとつは、日本の「氣」が世界に発信されているという事実をお伝えすることです。かつてNHKが気功法を大々的に取り上げたことによって、「氣」といえば中国由来の気功法のことだと捉える人が大半です。しかし、日本にはもともと「氣」のつく言葉がたくさんあるように、氣は生きることに根ざしたものであり、日本人にとって馴染みの深いものであったのです。

心身統一合氣道の創始者である藤平光一は、今から60年以上前に海外に渡り、合氣道を通じて世界中で「氣」を説いて来ました。サンフランシスコ平和条約が結ばれた翌々年、1953年のことでした。

戦後間もなく十分な物資がなかった日本では、生き残ることに精一杯で、「より良く生きる」ことに関心を持つ人はわずかだったそうです。そのなかで「氣」についていくら説いても、耳を貸す人はほとんどいなかったそうです。

当時、アメリカでは今の日本のように物資の豊かさを享受し、氣や心といった目に見えないものを大事にしようとする人が増えていました。このような時代背景から、藤平光一はまずアメリカで「氣」を普及し、日本に逆輸入したのです。


2つ目は「氣とは何か」ということを実際に私が出会ったみなさまの事例をもとに、わかりやすくご紹介することです。

氣は、誰もが持っていて誰もが活用できます。人間は大自然の一部であり、本来は氣が通《かよ》っているのが当たり前です。しかし、何らかの理由により氣が停滞することによって不具合が生じます。

「氣」が物質的に存在するか否かについて、研究している科学者がいます。その試みは尊いものですが、本書においては意味がありません。「氣」というものを普遍性・再現性に基づいて理解し、日常生活に活用することに意味があります。

「氣が通う」「氣を切らない」「氣力を養う」などさまざまなことをお伝えしてきましたが、どれかひとつでもかまいませんので、実践・検証していただきたいと思います。「氣」というものを理解していただき、読者のみなさんの日々の生活に少しでも活かしていただけたら、この本には価値があります。

3つ目は、メジャーリーグという、国も言葉も文化も異なり、さらに野球という特別な世界において「氣」というものがどのように理解されたか、そのプロセスをお伝えすることです。それによって初めて見えてくるものがあるからです。

現在、日本ではプロ野球だけではなく、高校野球、プロサッカー、実業団ラグビー、実業団ソフトボールなど、さまざまなアスリートが「氣」を学んでいます。また、多くの音楽家や芸術家も学んでいます。形だけ見れば、心身統一合氣道とそれらには共通点は見られません。しかし、ひとたび「氣」というものに基づいて見てみると、それらはすべてつながっていることがわかります。

なお、本書に登場する氣の呼吸法は、『氣の呼吸法』（藤平光一著／幻冬舎刊）、もしくは拙著『心を静める』（幻冬舎刊）に詳しく書かれています。また、広岡達朗さんと王貞治さんとの鼎談本『動じない。』（幻冬舎刊）では、お二方自身の言葉で藤平光一から学んだことが詳細に記されています。

もしよろしければご参照ください。

本書の内容が、少しでもみなさんのお役に立ちましたら、この上ない喜びです。

心と身体のパフォーマンスを最大化する

「氣」の力

メジャーリーグが取り入れた
日本発・セルフマネジメントの極意

著者 藤平信一

2016年11月10日 初版発行

藤平信一（とうへい・しんいち）
心身統一合氣道継承者。一般社団法人心身統一合氣道会会長。慶應義塾大学非常勤講師・特選塾員。1973年東京都生まれ。東京工業大学生命理工学部卒業。幼少から藤平光一（合氣道十段）より指導を受け心身統一合氣道を身につける。現在は世界24カ国で3万人が学ぶ心身統一合氣道の継承者として、国内外で指導・普及にあたる。経営者、リーダー、アスリート、アーティストなどを対象とした講習会、講演会、企業研修などもおこなう。2010年からは、米国MLBロサンゼルス・ドジャース、2015年からはサンディエゴ・パドレスの若手有望選手、コーチへの指導にも携わっている。著書に『心を静める』、広岡達朗、王貞治との共著に『動じない。』（共に幻冬舎刊）がある。

発行者 佐藤俊彦
発行所 株式会社ワニ・プラス
〒150-8482
東京都渋谷区恵比寿4-4-9 えびす大黒ビル7F
電話 03-5449-2171（編集）

発売元 株式会社ワニブックス
〒150-8482
東京都渋谷区恵比寿4-4-9 えびす大黒ビル
電話 03-5449-2711（代表）

装丁 橘田浩志（アティック）、柏原宗績
撮影 門馬央典
イラスト オギリマサホ
編集協力 古田 靖
DTP 小田光美（オフィスメイプル）
印刷・製本所 大日本印刷株式会社

ISBN 978-4-8470-6101-1
ワニブックスHP https://www.wani.co.jp